U0487635

本成果受教育部"世界文化遗产丽江古城的数字记忆构建研究"项目、云南省档案局"档案学视域下纳西族东巴文化遗产整理研究"科技项目、云南省哲学社会科学创新团队建设项目"云南民族档案文献整理发掘研究"、云南省核心课程"档案管理研究"建设项目资助

东巴古籍文献遗产整合性保护研究

胡莹 ◎ 著

社会科学文献出版社

目 录

第一章　导论 ………………………………………………………………… 001
　第一节　研究背景与意义 ……………………………………………… 001
　第二节　国内外研究简况 ……………………………………………… 006
　第三节　研究对象的理论基础与内涵界定 …………………………… 011
　第四节　主要学术观点概况 …………………………………………… 022
　第五节　研究内容与思路 ……………………………………………… 024
　第六节　研究方法与创新 ……………………………………………… 026

第二章　研究对象保护现状分析 …………………………………………… 029
　第一节　研究对象的分布与分类状况简述 …………………………… 029
　第二节　研究对象的保护状况分析 …………………………………… 037
　第三节　研究对象保护现存问题原因分析 …………………………… 051

第三章　研究对象整合性保护依据与思路梳理 …………………………… 057
　第一节　研究对象整合性保护依据 …………………………………… 057
　第二节　研究对象整合性保护思路梳理 ……………………………… 062

第四章　研究对象整合性保护模式实证演绎 ……………………………… 098
　第一节　实证准备 ……………………………………………………… 099
　第二节　演绎分析 ……………………………………………………… 106
　第三节　中远期案例运行的前期准备与预期困难分析 ……………… 137

结　语 …………………………………………………………………… 143

参考文献 ………………………………………………………………… 146

附录一：东巴古籍文献遗产保护问题研究调查情况说明 ………… 160

附录二：《东巴古籍文献遗产保护情况调查大纲》 ………………… 161

附录三：《东巴古籍文献遗产保护机构应急机制调查问卷表》 ……… 165

附录四：2016年课题组实地调研部分实录 ………………………… 168

第一章 导论

第一节 研究背景与意义

一 研究背景

1992年,联合国教科文组织发起世界记忆工程,旨在保护全球范围内遭受日趋恶化生存环境威胁而面临毁灭的各民族文化遗产。与此同时,文化软实力日渐被视为与经济、军事等实力同等重要的、决定一国综合实力的关键因素。基于此,以美国、法国、日本、韩国等国为主的发达国家相继结合本国实际制定了诸如"国家文化遗产(科技)研究计划""文化立国计划"等文化遗产的保护发展规划。以上国家层面的遗产保护战略在实施过程中几乎都依赖于多部门配合参与。从调查现存文化遗产的状况,到合理开发和利用遗产资源,再到修订完善遗产管理制度以及研究与运用科学的保护技术等,各国在遗产保护涉及的各个方面可谓投入了巨大的人财物力,有力推动了世界范围内的文化遗产保护,延续了社会发展记忆。

党和政府历来重视与关心文化遗产保护与少数民族文化事业,自1986年贯彻实施"七五"计划以来,历经三十余年,关于文化遗产古籍保护工作的规划从未停止。① 2005年,国务院颁布了《关于加强文化遗产保护的通

---

① 数据信息引自2018年6月11日于昆明市举行的国家民委古籍整理研究室调研云南省少数民族古籍保护工作座谈会上的讲话。该信息经国家民委全国少数民族古籍整理研究室主任李晓东同志在会上就"七五"至"十三五"期间党和国家对古籍保护工作规划的工作历程进行的介绍得出。

知》。2007年，胡锦涛同志在党的十七大报告中指出，"加强对各民族文化的挖掘和保护，重视文物和非物质文化遗产保护，做好文化典籍整理工作"。① 2008年，《国家民委 文化部关于进一步加强少数民族古籍保护工作的实施意见》提出，要"充分认识保护少数民族古籍的重要性，进一步增强责任感和紧迫感，从对中华民族和历史负责的高度，切实做好少数民族古籍保护、抢救、整理工作"。② 2009年，国务院在《发展少数民族文化事业若干意见》中指出"加强对少数民族文化遗产的挖掘和保护，对濒危少数民族重要文化遗产进行抢救性保护，逐步实现少数民族古籍的科学管理和有效保护"。③ 2013年，习近平同志在主持中共中央政治局第十二次集体学习时发表讲话，"要系统梳理传统文化资源，让收藏在禁宫里的文物、陈列在广阔大地上的遗产、书写在古籍里的文字都活起来"。④ 习近平同志曾在多个场合对文化传承做出深刻阐述，"要使中华民族最基本的文化基因与当代文化相适应、与现代社会相协调，以人们喜闻乐见、具有广泛参与性的方式推广开来"。⑤ 可见，文化保护与传承的意义已被提升到维护国家文化安全、增强国家文化软实力，乃至推进国家治理体系和治理能力现代化的重要层面。而少数民族社会记忆遗产不仅是我国独具特色的民族文化之重要资源，也是中华文化乃至世界多元文化的重要组成部分。作为中华民族共同体身份认同不可或缺的内容之一，其繁荣发展是中华民族伟大复兴的重要条件，保护好这些独特又稀缺的资源是弘扬与传承中华民族优秀传统文化的必然要求。"文化强国"、"以文圆梦"与建设和谐社会均可以依托对各民族文化资源的广泛挖掘与开发。可见，保护文献遗产是保障文化

---

① 人民网：《胡锦涛在党的十七大上的报告》，http://politics.people.com.cn/GB/1024/6429094.html。
② 中华人民共和国国家民族事务委员会：《国家民委 文化部关于进一步加强少数民族古籍保护工作的实施意见》，http://gjyjs.seac.gov.cn/art/2010/12/15/art_3312_138961.html。
③ 中新网：《发展少数民族文化事业若干意见》，http://www.chinanews.com/cul/news/2009/07-23/1788620.shtml。
④ 人民网：《这五年，习近平这样谈文化遗产保护》，http://politics.people.com.cn/n1/2017/0915/c1001-29539206.html。
⑤ 中国青年网：《民族文化基因大传承，习近平"以文圆梦"激发人民磅礴之力》，http://news.youth.cn/gn/201702/t20170217_9131609.htm。

资源可持续发展之本。

近年来，全国上下对文化遗产就是民族自尊、自强品格塑造之魂的意识达成了一致认可，与遗产保护相关的政策法规、战略规划、经费投入、激励与认定机制不断推出与完善，但如何优化这些资源以实现保护目的，仍有待深入研究与探讨。云南省作为全国少数民族聚居区的典型缩影，在长期发展中形成了种类多样、内容丰富、价值珍贵的民族文献遗产。但在全球化、城镇化、信息化等现代浪潮的冲击之下，民族原生态的文化语境受到不同程度的弱化，加之产生与保存民族文献遗产之地大多处于老少边穷区域，这些地区不仅自然环境较为恶劣，灾害频发，其经济总量较少，文化信息交流、顶层规划建设等各项活动发展水平也相对滞后。由此，原本因所处地理位置偏僻、交通不便等因素而得到较为系统保存的民族文献遗产，在历史演进的过程中，因自然与人为等多重因素的影响与制约，变得越发残缺不全甚至失传。正如从事民族古籍保护工作三十多年的云南省民语委办公室主任普学旺同志所说，"少数民族地区的文化自信唯有从少数民族古籍整理中体现出来"，民族古籍保护对树立民族文化自信而言意义深远。然而，现实中的民族古籍文献遗产保护速度仍然赶不上它们被毁坏与失传的速度，与民族文化相关的身份认同因此陷入无尽危机，民族语言、文字、信仰、风俗等传统文化正在逐步消亡。民族文化及其象征符号或文字的歪曲化、边缘化与濒危化，不仅仅关乎某一民族的文化记忆，也会加剧我国民族文化多样性生存环境的衰败。

鉴于我国民族古籍存在诸如数量众多、收藏分散且家底不清的问题，本书旨在选取东巴古籍文献作为独具代表性的民族古籍保护对象。一方面，云南省民族古籍整理与保护工作较其他省区市更为领先，东巴古籍文献以其特有的保护优势在云南省现存民族古籍中颇具特色与典型性；另一方面，东巴古籍文献保护理论与实践虽然总体上关注热度不减，但发展至今仍存在很多不尽如人意之处。保护工作开展较好的民族古籍尚且如此，我国整体民族古籍保护事业依然任重道远。本书基于"找典型、树模范"的研究理念，旨在集中分析东巴古籍文献保护现状并提出针对性对策，以此作为示范模板供其他民族古籍保护研究者指导、参考与借鉴。

以云南省世居纳西族之东巴象形文字书写而成的东巴古籍文献，以其独特而珍贵的价值，2003年入选《世界记忆遗产名录》。然而，入选名录至今，对其保护研究与实践发展的水平仍未能与其国际地位相匹配。回顾往昔，聚焦东巴古籍文献的研究不少，但鲜有对保护实践产生重大突破性指导的结论。一是大量散存于民间且难以系统收集的遗产，时刻面临残缺或消亡的困境，二是相关保护部门保管条件简陋、保护意识不足、保护失衡等现实问题，三是与之相关的保护研究中语言文字不通且专业背景单一等主客观原因，导致其理论前瞻性与实践指导性大打折扣。究其原因，除了东巴古籍文献书写文字、使用范围、内容散失、传承断代等复杂的主体因素制约之外，基于单一学科视角所做的研究，其结论大多孤立、分散且重复，对实际工作的指导功能极其有限。作为一项世界记忆遗产，当初入选遗产名录的目的在于通过国际合作与使用最佳技术手段以抢救世界范围内正在逐渐老化、损毁、消失的东巴古籍文献，从而使这份人类记忆更加完整。随着公众遗产保护意识的不断增强，以及信息与网络共享技术的日新月异，最有效的保护方式已从孤立抢救式逐渐过渡至协同开发式。鉴于民族文献遗产保护事业本身就是一个以"大合唱"形式组成文化记忆的事实，凭借一门学科理论或一家机构规划设计进行业务指导的保护方式显然已不具备生存发展的可能，而依托对现有资源最大限度拓展与优化的协同开发式保护将是民族文献遗产保护事业发展的不二选择。基于此，多学科理论知识与跨专业实践经验整合的保护可视为世界记忆遗产保护发展现阶段最合适的方式。在有限的时间、空间之内，如何将与东巴古籍文献保护相关联的各类资源进行整合与优化，全面提升保护效率，实现记忆遗产传承与民族社会记忆延续的目的是本课题探讨的内容。

二 研究意义

遗产保护不论是从内容到形式，还是从意识到手段，抑或是从主体到客体等方面的研究，都将逐渐趋于多学科复合化、多渠道集成化、多部门联合化、多种技术与资源优化。本书研究目标不在于提供一种放诸四海而皆准的保护模式，而是结合具体对象实体及其依托存活的生态文化，揭示具有代表性的保护理论与实践。此研究成果可视为对今后业界构建多学科群保护体系所做的一次有益尝试，也可为学界积极拓展研究视野、参与遗产保护工作做一块引玉之砖。东巴古籍文献整合性保护研究内容蕴含的关联部分，如研究对象理论基础与范畴、整合保护思路、遗产整合性保护模式等将具有一定的理论指导性与工作参考性。

（一）理论意义

本研究成果对弥补民族记忆遗产保护理论与实践的不足，拓展民族档案研究范畴，推动学科理论与实践创新有较大的理论价值和学术意义。

本书立足于东巴古籍文献遗产珍贵性、濒危性与现实保护粗陋性、理论研究滞后性之间长期客观存在的矛盾，基于档案学相关基础理论，结合文献学、图书馆学、古籍学、文化遗产学等学科的相关知识，通过多维度的划分方式对东巴古籍文献及其保护进行解构，针对东巴古籍文献的保护现状，以整合性思路对保护模式进行设计，并提出全新构建思路，探索理论性与实践性兼具的整合性保护策略。本书研究的对象、思路、内容、策略不仅可视为档案文献遗产类研究对象保护理论拓展与深化的表现，也能为遗产保护多学科群整合研究搭建一个基础性理论与案例分析平台。这种基于研究对象信息资源整合与实体资源优化基础而拓展研究视野的研究，不仅可以为遗产保护做必要的理论牵引，还能够完善民族档案与民族文献遗产保护研究的理论知识体系，为档案学学科体系的丰富提供多元支持。

（二）实践意义

本研究可引起政府和社会各界对民族记忆遗产的重视，该研究对于社会各界了解、参与和支持民族记忆遗产的保护，也将起到重要的引导与宣传作用。

自2003年东巴古籍文献入选《世界记忆遗产名录》以来，一系列法律法规、政策措施的实施和预算制定、传承人才培养、社会宣传等工作的开展，让遗产保护得以维系。然而，面对现代文化的冲击，以经济发展为导向的地方政策、以"不求有功但求无过"指导保护开展的收藏部门，以及公众面对过度商业包装的少数民族文化与记忆遗产而引起的认知"异化"甚至"误化"等各种因素，导致东巴古籍文献保护之路坑洼不断。在充分借鉴国外关于文化遗产保护经验，思考国内文化遗产类对象保护现状的基础上，本书循着资源整合的思路，对东巴古籍文献保护滞后因素和难点问题进行系统分析，进而提出整合性保护的设计思路与具体措施。本研究结论能够引起政府和收藏部门对民族记忆遗产保护的重视与关注，从保护对象的资源收集鉴定整理、保护对象的常规与应急保护与管理、保护对象信息资源开发与提供服务等方面做出系统而科学的规划；也可为相关文献遗产管理部门在制定记忆遗产保护方案时提供借鉴，为记忆遗产保护对象加强社会认同、推进人才教育与传承培养、开展遗产资源信息共享与社会记忆延续等实践工作提供可靠参考。

第二节　国内外研究简况

一　国内研究简况

中国可谓文化遗产大国，但是长期以来却很难称得上文化遗产保护强国。十八大明确指出"繁荣发展少数民族文化事业"的具体工作目标，"文化强国"的建设以贮存丰富多彩且生机勃勃的文化资源为前提。诸如东巴古籍文献这样的民族记忆遗产同时兼具档案、古籍和文物等多元属性，分别为图书馆、档案馆、博物馆、民族文化研究院、古籍办以及民间等多方所收藏，由于绝大多数收藏方的保管条件简陋，这类遗产目前的损毁流失十分严重，保护形势异常严峻。针对这一现状，近年来学术界进行了相关研究。

（一）从档案学视角研究东巴古籍文献或文化遗产类对象

鉴于冯惠玲在《档案学概论》中指出，档案与文献、文物等都有一定的交叉关系，以及我国《档案法实施办法》提出了"文物、图书资料同时是档案"的档案管理办法。近年来，很多学者基于档案学视角对文献遗产做出了研究。如全艳锋、郑荃的《丽江东巴文献遗产保管困境与对策研究》

指出丽江东巴文献遗产保管的现状,针对保管工作存在的困境提出了一系列适应性实践对策;张美芳、秦佳心的《纳西东巴经数字化抢救过程中的技术保障措施的研究》认为通过数字化方式加强东巴经发掘整理和保护抢救是当前做好东巴文化保护工作所必需的解决方案;周耀林的《我国珍贵档案文献遗产保护工作的推进》从研究维度、管理手段、受众类型到多样化保护策略对文献遗产保护做了相应的研究;唐跃进的《我国档案文献遗产保护的思考》明确指出保管条件导致档案文献遗产损害的事实,并就保管条件升级等内容提出了切实的对策;陈祖芬的《非物质文化遗产档案管理主体研究:以妈祖信俗档案管理为例》指出非遗档案管理主体的多元性,并就可能主体与现实主体的定位与实践能力做出分析;吴品才、储蕾的《非物质文化遗产档案化保护的理论基础》认为非遗保护方式很多,但档案化保护是其中最恰当的选择。

(二) 从古籍、文物、图书馆学等视角研究文化遗产类对象

如吕鸿的《基于三馆协同的非物质文化遗产知识整合研究》由非遗保护存在的现实困境引发图书馆、博物馆与档案馆协同合作保护的思想;储济明的《对图书馆保存人类文化遗产职能的反思》指出过分强调图书馆保存遗产职能的弊端,认为应当合理确定图书馆收藏范围,选择承担保护任务;何丽的《论民族古籍的保护与开发》认为保护是手段,而开发和使用才是真正的目的;刘家真、程万高的《中国古籍保护的问题分析与战略研究》基于中国古籍保护的关键问题,提出保护主体的重要性。

(三) 从艺术学、语言文字学、物理化学、植物学、法学、经济学等视角研究文化遗产类对象

如孔明玉的《纳西东巴经及其研究价值》从东巴经载体的材质入手,对遗产载体的价值与保护方式做出系统分析;陈登宇的《纳西族东巴纸新法探索》对东巴纸抄造方法与如何保护进行一系列探索;张美丽、汤书昆、陈彪的《云南纳西族东巴纸耐久性初探》通过物理与化学实验方法对东巴纸原料性质、几种不同产地的东巴纸耐久性做了对比分析,得出东巴纸的

最佳保护载体材料类型；秦磊、邱坚的《纳西东巴手工纸原料荛花树干纤维特征研究》对传统东巴纸制造原料的微观结构进行系统分析；杨福泉的《论少数民族本土文化传人的培养——以纳西族的东巴为个案》聚焦于当下民族文化传承人培养存在的问题，结合客观现实提出合理的对策；兰元富、陈小曼的《丽江纳西族的习惯法与环境保护》，杨立新、赵燕强、裴盛基的《纳西族东巴文化与生物多样性保护》，杨林军、赵孟雄的《东巴字画商品化利用的情况调查与分析》等文章，也从诸如法学、生物学、艺术学等不同学科视角对东巴古籍文献及与之相关的东巴文化保护做出必要研究。

（四）从国外保护经验视角研究文化遗产类对象保护

我国相关保护研究较晚，有学者就国外保护工作发展进行了必要翻译与研究。如周耀林的《法国文化遗产保护高等教育探析》，李永、向辉的《法国古籍保护工作概况》，王星光、贾兵强的《国外历史文化遗产保护机制及其对我国的启示》，陈兴中、郑柳青的《德国世界遗产保护与可持续发展的经验与启迪》，张顺杰的《国外文化遗产保护公众参与及对中国的启示》等文章均全面梳理分析了国外世界遗产保护的优势特点，旨在引"他山之石"以攻玉。

（五）从跨学科视角研究东巴经典数字化共享

2013年，由北京信息科技大学、北京东巴文化艺术发展促进会、丽江市东巴文化研究院和迪庆州纳西文化学会等多家机构联合申报的"'世界记忆遗产'东巴经典传承体系数字化国际共享平台建设研究"项目，获得国家社会科学基金规划办批准立项，并已于2018年批准结题。该项目组基于课题平台，整合组建了一支文理工学科背景的团队，开展了跨学科综合研究。以构建东巴经典数字化国际共享平台的方式，从东巴古籍及其相关资料的数字化采集，东巴古籍的翻译、释读与编目，东巴古籍以及相关文献的信息化加工与共享平台关键技术制定，东巴古籍数据库与知识库建立、管理和利用方法研究，东巴经典古籍数字化国际共享平台建设等方面，对这项记忆遗产的信息共享进行了系统研究。

综上，本书的国内研究现状可以归纳为以下五个方面。第一，文献遗产保护问题已为学术界所关注，但保护研究成果更多侧重于以文献为静态研究对象，整体视角单一且研究深度不足。表现为笼统化成果多、宏观化保护理论泛滥，而具象化成果少、微观可行操作不足；且持续研究形成的系列化成果较少，保护成果难以推广应用。第二，文献遗产研究视角局限于某几个固定学术领域，缺乏多学科交叉研究环境。基于多学科交叉背景研究的成果总量极少，缺乏多学科整合性研究。如对东巴古籍文献遗产的保护，各学科都从本学科视角展开过研究，研究分散，多学科协同研究成果较少。典型个案研究的缺乏造成个体差异不明显，而共性规律则无从归纳，在这种背景下，得出的研究结论没有普遍适用性和现实可行性。第三，文献遗产保护范围探讨的对象大多仅停留于客体的单一维度，没有考虑遗产保护还应重视保护主体的建设。第四，东巴古籍文献遗产保护研究整体仍停留在探究法律法规体系构建、旅游经济开发方式、技术引进借鉴等常规层面，对于影响保护的更深远的软科学保护因素尚未涉足，整体研究深度、宽度与实际保护工作需求不匹配。第五，对国外保护实践偏重介绍性知识普及，极少结合我国国情将研究内容进行本土化升华。

二 国外研究简况

美国、法国、西班牙、意大利、日本、韩国及印度等国对遗产研究的成果涉及面广、内容深刻。如 Susan O. Keitumetse 的 "Sustainable Development and Cultural Heritage Management in Botswana: Towards Sustainable Communities"; William C. G. Burns 的 "Belt and Suspenders? The World Heritage Convention's Role in Confronting Climate Change" 等成果，其内容不仅涉及遗产保护健全的法律体系，明确的责任分工、多渠道的资金投入，还涉及全面的专业人才培养、广泛的民众保护意识、优惠的各种政策扶持以及合理的和谐共赢机制。对于我国来说，国外对于遗产保护全方位的研究无疑是值得关注与学习的。国外对于少数民族、原住民等概念的认识、界定与国内存在一定差异，故国外对东巴古籍文献遗产这类研究对象尚未开展过有针对性的规模化研究，仅有少部分文化遗产保护项目对民族档案文献类遗产的保护问题有所涉及。

如法国国家记录文献保护研究中心关于遗产保护领域的研究成果有《照片、图画、印刷品与手稿的拯救与保护》《文献、声像材料的环境与保护》等论文集,其中针对遗产保护技术的研究对各种文献遗产载体材料有较好的实际运用价值。

如旨在对世界范围内的濒危档案文献遗产进行综合保护研究的英国大英图书馆濒危档案项目（Endangered Archives Programme）。曾受理了包括徐坚的"中国云南纳西族洞经音乐档案文献遗产的抢救保护——抄本、乐谱、仪式与表演"在内的4项中国云南少数民族档案文献遗产保护的研究申请。[①] 从官方所查询到的文献可见,国外对民族档案文献遗产保护尚无如同国内这样的专门研究,但关于文化遗产保护的研究成果、内容与数量却十分丰富,这些成果对本研究有积极的参考作用。

如以少数民族音乐遗产为研究对象的澳大利亚少数民族音乐研究中心（Centre for Aboriginal Studies in Music，CASM）是澳大利亚阿德莱德大学国家土著语言和音乐研究中心的分支机构,他们长期致力于与Kaurna Warra Pintyanthi（KWP）、移动语言团队（MLT）合作,鼓励跨学科研究澳大利亚土著音乐和语言等社会记忆类对象。他们开展的少数民族群体文化遗产与社会记忆传承重点在于对本体的帮扶,即通过一系列实在的举措构建抢救与保护的机制。从文字语言的实际运用和文化宣传方面入手,借助音乐开发等青年更易接受的方式,推动整体民族记忆的保护,并从实践中归纳出相应的理论模式与操作原理。这些保护路径也给本研究带来很大的启发。

鉴于此,本书以世界记忆遗产——东巴古籍文献为研究对象,针对长期以来其分散保存、疏于管理、毁坏严重的现实状况,结合各学科对于遗产保护的理论研究成果以及各机构实际保护工作中积累的有益经验,对东巴古籍文献遗产的整合性保护问题进行全面、系统且深入的研究。

---

① 仝艳锋:《民族档案文献遗产保护研究:以云南为例》,山东大学出版社,2013,第8~9页。

第三节 研究对象的理论基础与内涵界定

一 研究对象的理论基础

本书针对东巴古籍文献遗产的特征、属性、功能，结合保护事业发展的近况，提出的对象内涵及其整合性保护业务范畴有其规范的理论基础与依据。

（一）"档案双元价值观"为研究对象理论架构提供了思路参考

"档案双元价值观"是由我国著名档案学者覃兆刿教授提出的，他认为，"档案始终可以作两个层面的理解，一是它作为一种行为方式，人类的初衷在于借助它的结构形式所赋予的功能，我把它称为'工具价值'；一是作为记录或者文献归属的实体，其内容负载的价值，人们都称之为'信息价值'。前者是一种普遍意义的价值，后者是一种个性价值；前者由档案的社会属性赋予，后者由档案的自然属性赋予"。[①] "档案双元价值观"的理论观点可充分运用于东巴古籍文献理论架构研究中。本书认为，东巴古籍文献本身可视为一种反映少数民族原生文化的档案。第一，档案与古籍文献二者常表现出内容、形式、特征等多方面的交叉重合，以至后世在区分档案与古籍文献时陷入难以判别的境地。其实，在古代，档案工作与图籍、秘书工作本就不分，文书、图籍和档案名称同源，在古代常常合为一体。基于古籍与档案同源的事实，笔者认为，东巴古籍文献作为研究对象，此处的研究焦点不在于通过理论与实践去证明如何将档案与其加以区分，而是在客观正视二者密切关系的基础上，使档案学理论服务于东巴古籍文献的保护研究。第二，档案生而具有工具属性，狭义的东巴古籍文献[②]在最初

[①] 覃兆刿：《中国档案事业的传统与现代化——兼论过渡时期的档案思想》，中国档案出版社，2003，第104~121页。
[②] 狭义的东巴古籍文献指的是以东巴经典籍为主体，在纳西族各类祭祀活动中使用的经书，以及部分配合祭祀活动的辅助用具，如纸牌画、木牌画等。

就是纳西族祭祀活动中使用的经书，因此，本书中的东巴古籍文献自然也具有如同档案一般的工具性特征。第三，档案与图书、典籍一样，属于社会公共资源，通过各类开发手段，形成可供全社会利用的公共文化工具，而东巴古籍文献本身就是运用于祭祀活动的工具。自入选《世界记忆遗产名录》之后，通过分解，其记录文字、承载纸张、卷轴画册、纸质经籍则在传承少数民族社会记忆与铸牢中华民族共同体意识等方面发挥了与档案一般实实在在的公共文化工具价值或公共文化服务价值。第四，档案以尊史与求真的价值取向为根基，档案本身是对历史的真实、权威的记录。这一内容的信息真实性，恰与东巴古籍文献内容信息反映彼时彼地纳西族生产生活场景的真实性相统一，因此，本书中的东巴古籍文献具有与档案一般的信息性特征。第五，伴随着我国近代档案学的发展和新史学的创新，档案作为原始史料，可为史学研究提供丰富的信息资源，东巴古籍文献也从文献学、语言文字学、考据学、民俗学、人类学等方面，为多学科研究提供了值得信赖与参考的信息资源，可见，本书中的东巴古籍文献与档案一般具有史料研究的信息价值。

基于此，"档案双元价值观"工具价值与信息价值统一的观点可运用于本研究对象的理论架构。工具性与信息性作为研究对象的双元价值，二者统一，缺一不可。一方面，研究对象的核心东巴古籍文献具有工具性与信息性相统一的属性，即开展东巴活动的必需工具、传承东巴文化的必需工具、反映东巴文化的信息资源、支持学术研究的信息资源；另一方面，工具性与信息性的共存共生特征，可以辩证反作用于研究对象理论架构的外延拓展。作为彰显文化遗产的工具，展示民间记忆的信息资源，东巴活动所使用的器具，以及反映东巴文化的活动记录理应被视为研究对象的一部分，与核心东巴古籍文献同为一体。

（二）后现代主义思潮词义内涵为研究对象理论界定提供了方法指导

后现代主义思潮（postmodernism）兴起于20世纪六七十年代，其范围涉及文学、艺术、语言、历史、哲学等社会文化与意识形态的方方面面。

其本质是对现代文明发展的根基、传统等进行全方位的批判反思。

后现代主义的词义内涵有几种基本的阐释,其中对本研究对象最有启发的有如下两种,即post指hyper,作"现代的更高阶段"之义,是对现代的一种继续强化;post指trass-,作"超越"之义,是对现代思想的升华,使之更接近于世界的本真状态。①

后现代主义是一种具有批判性、多元性、创造性的方法论。后现代主义提出以批判、反思为前提的超越,倡导以多维的视角和多元的概念来认识事物、解释世界,反对一个中心、一个文本、单一的概念和固化的结构。后现代主义又是一种整体主义、有机主义的世界观。后现代主义认为世界是一个完整的、流动的整体。② 其中任何一个事物都可以看作一个主体,都与周遭事物产生或构成各式各样的关系。对于一个事物的认知,必须通过对其与其关系事物的把握才能反映全貌。

基于此,反观东巴古籍文献遗产保护的实际,其先前的研究存在诸如研究对象局限于东巴经个体且研究视角基于单一学科背景等问题。由此,本书的研究对象不仅是珍贵的东巴经典籍,还围绕其记忆遗产的功能,将与反映东巴文化相关的各类活动记录载体视为东巴古籍文献遗产整体之一,作为研究对象内涵的有益补充。这也正是一种基于现状研究反思,做出适当超越的表现,即通过多元化、整体化的视角来重新认识东巴古籍文献遗产的内涵以及保护的范畴。

(三)特里·库克档案后保管范式等相关理论为研究对象保护范畴划定提供了理论依据

加拿大档案学者特里·库克于1994年在题为《电子文件与纸质文件观念:后保管及后现代主义社会里信息与档案管理中面临的一场革命》中提出"现代社会正向后现代主义社会过渡,对基于过程联系的后现代主义理论的理解将有助于我们实现这一转换,化保管方法为后保管方法,即重新

---

① 徐珂:《后现代主义的主要思想理论和成就述评》,《北京社会科学》2001年第3期,第117~123页。
② 徐拥军:《档案记忆观的理论与实践》,中国人民大学出版社,2017,第52~53页。

认识来源原则，把档案工作中心由档案实体保管移向形成档案的活动过程"。1996年，特里·库克在北京召开的第十三届国际档案大会上以《1898年荷兰手册出版以来档案理论与实践的相互影响》为题的主报告中更加系统地阐述了后保管范式理论，"简言之，从由此产生的文件或产品转向文件背后的创造活动或创作意图。这种新的'后保管'范式将传统理论对实体保管对象——实体文件的关注，转变为对文件、文件形成者及其形成过程的有机联系、目的、意图、相互关系、职能和可靠性的关注。所有这些都远远超越了对文件进行传统的档案保管，这种保管模式可以因此被称作'后保管'模式"。①

特里·库克的后保管范式理论由新来源观、宏观鉴定理论和知识服务三部分组成。新来源观认为，应当将对文件管理的重心从文件形成后转移到其形成之前或之初，如此将管理工作的关注点自文件内容的浅表信息向知识的横纵向深化与转移。宏观鉴定理论不同于档案管理学传统针对时间、内容、职能等具体标准进行定量定性分析，而是上升为针对文件形成者的宏观职能进行研究，从而使鉴定方法从分散变为集中、由个别变为系统。②而知识服务则要求档案人员"把着眼点从信息转移到知识上，从建立数据库转移到建立知识库上"。③

特里·库克的档案后保管范式理论基于宏观的社会背景，透过档案与社会的关系重新认识档案在"凭证"之余的"知识"与"记忆"功能价值，从而也重新定位档案工作者自身"保管"之外的"建构"职责。

档案后保管范式于兼具档案属性的东巴古籍文献遗产保护而言启发颇多。基于新来源观的支撑，东巴古籍文献遗产内涵外延能够在更为合理的范围内得到重塑；宏观鉴定理论，又可指导东巴古籍文献遗产资源分类在不受传统档案分类规则控制的前提下，尊重客观实际来设计；知识服务观念，更能为东巴古籍文献遗产整合性保护全过程建设提供思维启迪，确保

---

① 〔加〕特里·库克：《1898年荷兰手册出版以来档案理论与实践的相互影响//第十三届国际档案大会报告集》，中国档案出版社，1997，第143~176页。
② 冯惠玲、张辑哲：《档案学概论》（第二版），中国人民大学出版社，2006，第282页。
③ 〔加〕特里·库克：《电子文件与纸质文件观念：后保管及后现代主义社会里信息与档案管理中面临的一场革命》，刘越男译，《山西档案》1997年第2期，第7~13页。

整合性保护工程的资源建设、保护管理与开发利用三位一体并举并重,始终以有效保管与多元利用为保护理念,注重东巴文化的活态化传播与继承。

(四) 社会记忆理论内涵为东巴古籍文献遗产保护研究提供了借鉴基石

在社会学领域,不同学者对社会记忆做过不同的定义或解释。如孙德忠认为,"社会记忆是指人们在生产实践和社会生活中所创造的一切物质财富和精神成果,以信息的方式加以编码、存储和重新提取的过程的总称"。[①] 丁华东认为,社会记忆可描述为"社会群体对过去的回忆或通过各种媒介保存与展现出来的为群体成员所共同拥有的对过去的回忆性知识"。[②] 而徐拥军则认为,"社会记忆是指社会群体在社会活动中所创造物质财富和精神财富的信息,以及对这些信息进行编码、存储和提取的过程的总称。它既是一种对象,也是一个过程"。[③]

尽管社会学领域内的不同学科基于各自的学术背景,对以社会记忆理论界定为基础并由此展开的一系列问题进行了大量研究,但截至目前,社会记忆研究仍然是一个缺少固定学术范式的跨学科领域。其基本特征体现在以下几个方面。其一,社会记忆是一种集体现象,且这种集体现象不是被机械保留下来的,也不是通过对个人记忆进行简单填充形成的。[④] 其二,社会记忆是一种社会建构,是根据现实需要,对过去进行选择、重构与再现的主观活动。[⑤] 其三,社会记忆与群体遗忘是相伴相生的,记忆始终会将一部分信息主动或被动地排除,任何记忆都包含遗忘的要素,人类历史就是一部社会记忆与遗忘平衡的结果。[⑥]

社会记忆内涵的关注与认识,为本研究提供了提升视界的平台。东巴

[①] 孙德忠:《重视开展社会记忆问题研究》,《哲学动态》2003年第3期,第17~20页。
[②] 丁华东:《档案与社会记忆研究》,人民出版社,2016,第51页。
[③] 徐拥军:《档案记忆观的理论与实践》,中国人民大学出版社,2017,第76~77页。
[④] 〔法〕莫里斯·哈布瓦赫:《论集体记忆》,毕然、郭金华译,上海人民出版社,2002,第39~40页。
[⑤] 欧阳宏生:《纪录片概论》,四川大学出版社,2004,第129页。
[⑥] 徐拥军:《档案记忆观的理论与实践》,中国人民大学出版社,2017,第76~77页。

古籍文献遗产作为纳西族的社会记忆，也是纳西族先民的一种集体社会行为。纳西族千千万万的普通家庭对此都拥有其对应的集体记忆，这些记忆形塑着他们的过去，又影响着他们的未来。① 基于此，在对东巴古籍文献遗产进行的保护中，单纯封闭式地对东巴经典籍进行保护的行为是没有意义的，必须将其置于动态的社会活动中加以运用。应注重东巴文化的大背景，并与鲜活的民俗活动联系起来，使之形成兼具多元性和包容性的有机综合体，才能确保普通纳西族个体记忆从群体记忆中获得身份认同等现实意义。此外，针对现实中越来越多的东巴文化传承人已无法掌握全套仪式操作，而仅能对其中某一种或几种主要仪式进行演绎的事实，本书认为，在任何一项社会记忆传承过程中，旧的内容出现部分缺失，新的内容获得创新，都是发展存续征途上的正常现象，这也是文化自身成长的必经之路，应该正视记忆遗产保护无法做到绝对的传承，相对的创新传承更加符合"记忆"与"遗忘"双平衡的客观规律。

二　研究对象内涵界定

（一）东巴古籍文献遗产内涵

本书认为，记忆遗产的保护不仅在于保护遗产实体，还需要维护与之堪称命运共同体的文化土壤。因此，本书的研究对象特指 2003 年入选《世界记忆遗产名录》的纳西族东巴古籍文献，以及基于与遗产内容相关的东巴文化建档或转录形成的各类载体记录。进而，本书中的东巴古籍文献遗产可以界定为：由纳西族东巴祭司直接用象形文字书写或绘于东巴手工纸或布料、石料等物质载体之上，由官方机构收藏或于民间散存，能够全方位反映纳西族社会传统风貌的手稿、珍贵文件，以及借助数字化技术记录和保护，能够全面反映东巴口述历史、东巴文化活动、东巴手工纸制造技

---

① 〔法〕莫里斯·哈布瓦赫：《论集体记忆》，毕然、郭金华译，上海人民出版社，2002，第 39~40 页。

艺等相关纳西族社会记忆而形成的声像、数字等载体记录。① 其思想内涵表现有以下几个方面。

第一，东巴古籍文献遗产形成主体是纳西族东巴。具体指新中国成立前各个历史时期的纳西族东巴以及新中国成立后尤其是"文化大革命"之后至今的纳西族东巴传承人群体。

第二，东巴古籍文献遗产保护主体②为官方机构、民间组织或个人。东巴古籍文献国内外收藏存世的总量累计大约是30000册。其官方保护主体大致为文化遗产管理部门、文博机构、研究院所；民间保护主体大致为民族文化传承院馆、民间收藏家以及东巴传承人，这两类保护主体的东巴古籍文献的存量基本持平。源于记录纳西族"乡土"活动的东巴古籍文献，仍根植于民间，围绕于此的大量保护活动仍需以基层、民间为核心而展开。因此，东巴古籍文献保护工作的管理与实施长期存在错位与分离，由此造成的巨大资源浪费亟须通过业务生态的整合来弥补缺失。

第三，东巴古籍文献遗产是东巴在纳西族社会活动中"直接形成的"最原始的材料，有较强的原生性、凭证性、文化性、记忆性。

第四，东巴古籍文献遗产种类丰富、内容浩繁、载体多样。现已收存的东巴古籍文献一共有千余种不同的内容，涵盖纳西族古代社会之百态，集纳西古文化之大成，涉及天文、地理、历史、动植物、医学、冶金、农业、手工业、生活起居、社会形态及文学、艺术等③诸多领域，具有珍贵的历史研究和现实利用价值。

（二）东巴古籍文献遗产范围与分类

东巴古籍文献中所记载的内容，绝大部分与东巴活动分不开。由云南省社会科学院东巴文化研究所编译并于1999年经云南人民出版社出版的

---

① 胡莹：《档案学视野下的东巴古籍文献遗产保护研究》，博士学位论文，云南大学，2014，第23页。
② 本课题组认为，按照保护主体在保护过程中扮演的角色，可将保护主体分为保护管理主体与保护实施主体。
③ 张美芳、秦佳心：《纳西东巴经数字化抢救过程中的技术保障措施的研究》，《档案学研究》2006年第5期，第56页。

《纳西东巴古籍译注全集》[①]的分类标准,把入选《世界记忆遗产名录》的东巴古籍文献划分为占卜、禳解、祈福、丧葬及其他五类。[②] 这些以原始宗教信仰为基调的东巴活动在历史早期一直贯穿于纳西族社会生活始终,并形成了与之匹配的独特东巴文化。以今日保护记忆遗产之视角,若排除文化传承与记忆延续因素,仅对这些以纸为主要载体的东巴古籍文献进行保护,则不可避免会滑入"皮之不存,毛将焉附"的困局,导致遗产保护空壳化。本书认为,将东巴古籍文献视为记忆遗产进行整体化保护,应注重其载体和文化互为依存、互相支持又互相影响的关系。由此,为解决由研究对象种类丰富而引发的分类复杂性与保护对象所需的保护范围精准性之间的矛盾,按载体形式为本书中涉及的东巴古籍文献确立划分标准,更能尊重记忆遗产研究对象保护的内涵与外延。

基于现有关于东巴古籍文献分类[③]的理论与实践成果,本书将东巴古籍文献遗产按类型分为东巴经典籍与东巴文化档案两个部分。其中,经东巴祭司创作并在各类仪式中使用的经书,按调研所知的内容大致可以分为祭祀、丧葬、禳解以及占卜四大类经书。根据现存东巴祭祀活动中参与演绎的各类文献与道具、东巴象形文字书写形成的各类文书材料以及部分反映东巴文化且能再现东巴经典籍内容中的社会活动场景的记录,本书按艺术创作类、社会生活类以及伦理道德类三个大类,对东巴文化档案做出分类。本研究对象保护客体的分类如图1-1所示。

东巴古籍文献遗产是纳西族东巴使用象形文字对各类当时当地的社会活动进行记录而形成的一系列档案遗产,其最初形成背景是原始东巴宗教活动,其宗教活动过程中贯穿了纳西族先民朴素的世界观,这些活动与纳西族社会的各方面有机联系在一起。因此,其宗教活动涉及历史、哲学、社会、宗教、语言文字,以及音乐、美术、舞蹈等许多传统领域,被国内

[①] 李敏:《20世纪东巴经目录研究的发展》,《云南民族大学学报》(哲学社会科学版)2009年第2期,第50页。
[②] 依次为:祈福类、消灾禳解类、丧葬类、占卜类以及其他类。其中前四项与东巴活动密切相关,最后一项"其他类"则包括了东巴舞谱、东巴画册、东巴文医药书籍以及东巴文地契等反映社会生活方方面面的图籍。
[③] 现有东巴古籍文献分类的实践经验将在第二章第一节中予以介绍。

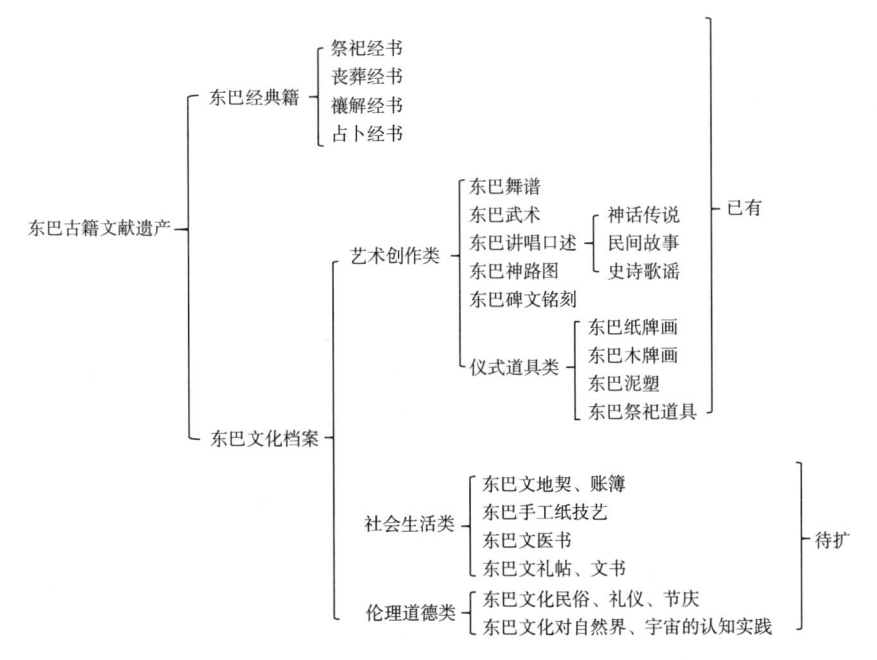

```
                    ┌─ 东巴经典籍 ─┬─ 祭祀经书
                    │             ├─ 丧葬经书
                    │             ├─ 禳解经书
                    │             └─ 占卜经书
                    │
东巴古籍文献遗产 ─┤             ┌─ 艺术创作类 ─┬─ 东巴舞谱      ┐
                    │             │              ├─ 东巴武术      │
                    │             │              ├─ 东巴讲唱口述  ├─ 神话传说  ┐
                    │             │              ├─ 东巴神路图    ├─ 民间故事  ├─ 已有
                    │             │              └─ 东巴碑文铭刻  └─ 史诗歌谣  ┘
                    │             │
                    └─ 东巴文化档案┤              ┌─ 东巴纸牌画    ┐
                                  │─ 仪式道具类 ─┼─ 东巴木牌画    │
                                  │              ├─ 东巴泥塑      │
                                  │              └─ 东巴祭祀道具  │
                                  │                               ├─ 待扩
                                  │              ┌─ 东巴文地契、账簿 │
                                  │─ 社会生活类 ─┼─ 东巴手工纸技艺   │
                                  │              ├─ 东巴文医书      │
                                  │              └─ 东巴文礼帖、文书 │
                                  │                                 │
                                  └─ 伦理道德类 ─┬─ 东巴文化民俗、礼仪、节庆      │
                                                 └─ 东巴文化对自然界、宇宙的认知实践 ┘
```

图 1-1　东巴古籍文献遗产保护客体分类建设方案

外学术界誉为"古代纳西族的百科全书",由此足见东巴古籍文献遗产内容浩繁、种类多样。为了更全面系统开展记忆遗产整合性保护工作,对保护对象的范围进行完整的审视,提高后续保护业务的实际执行效率,本书拟从四个层面对东巴古籍文献遗产的范围做出界定。

1. 内容性质

本研究对象作为一项入选名录时间较早的著名世界记忆遗产,其中反映纳西族宗教活动记录的东巴古籍文献经过一系列编目与译读而得到系统整理,其内容分解形成了一定的标准与规范。各级文化事业部门与广大社会公众也日益重视与这一项记忆遗产相关的各类文化记录信息及材料,通过采取建档保护等手段实现了初步的抢救与保护。基于此,本书将东巴古籍文献遗产划分为原始古籍收藏与东巴文化档案保存两个大类,其后,原始古籍收藏的记忆遗产内容主体可包括祈福祭祀类、消灾禳解类、丧葬超度类、算卦占卜类;相关文献保存的记忆遗产内容大致可包括文化创作类文献、社会生活类文献、伦理道德类文献等。其中文化创作类文献主要指东巴舞谱、东巴卷轴画、讲唱口述史等；社会生活类文献主要指东巴象形文地契、账本等；伦理道德类文献主要指东巴民俗、节庆、宗教等活动的记录材料。2015年本书写作调研期间三度造访东巴文化研究院时，听闻研究院正与一些学者挖掘东巴武术的文化资源，此类对象系列理应划归东巴文化档案范畴。

2. 物质载体

东巴古籍文献遗产整合性保护事业开展工作针对的是围绕东巴活动形成的社会记忆，这些记忆的信息借助特定的物质载体，无论是内容、形式，还是结构、种类，都是支撑东巴古籍文献叙事说史的组成部分，以此重现一个个连贯的活动场景。本书将东巴古籍文献遗产的物质载体划分为四个方面。第一，纸质类载体。东巴古籍文献遗产的主体绝大部分是在纸，特别是东巴手工纸上记录形成的。东巴古籍文献遗产的内容不止于记载宗教法事祭祀仪式等活动，在机制纸问世之前，记述包括杂言、字典、画册、志略、家谱等不同主题在内的书籍都需借助手工纸。[①] 机制纸出现后，其价格低廉的特点对手工纸冲击很大，尤其是20世纪六七十年代，迫于客观现实，机制纸载体一度占据主流。近年来，由于各级政府的重视与支持，振兴东巴手工纸抄造技术的保护措施不断加强，东巴文化研究院更以长年"纸援东巴"的方式，以最传统正宗的标准抢救这项社会记忆，而玉龙纳西族自治县图书馆收藏有大量内容、品质、种类等方面均属上乘的东巴经典籍，为该馆申报获批《国家珍贵古籍名录》提供了高水平的素材。第二，木质类载体。在东巴古籍文献遗产保护客体范围内，存在为数极少的木质类载体遗产。东巴文化博物馆中收藏着大量反映东巴文化的文物，以木牌画数量为最多。东巴文化研究院与基层村寨中的东巴建立了稳固的合作帮扶关系，院内1000多卷东巴经典籍的释读与编译等工作也需要借助东巴的支持才能完成。本书写作调研时，曾拜访东巴文化传承人和秀东巴，并

[①] 胡莹：《档案学视野下的东巴古籍文献遗产保护研究》，中国社会科学出版社，2016，第15页。

参观了不少与祭祀活动相关的道具等用品。其中，木牌画是木质类载体的重要组成部分。第三，布料类载体。布料类载体的记忆遗产大多与木牌画类似，在东巴祭祀等宗教类活动中频繁作为道具使用，这些布料载体上大多以绘画形式呈现主题内容，其中图案多是有关东巴教中神灵鬼怪的形象，保证了东巴祭祀活动的完整性。特别是著名的东巴神路图，作为东巴教丧葬和超度亡灵仪式中使用的一种长卷绘画，被中外学术界誉为"古代宗教绘画第一长卷"。东巴文化博物馆保存有珍贵的布料质东巴神路图，此文物亦有实物档案的属性，为世人认知东巴文化提供了鲜活的资源。第四，声像类载体。初期运行模式中的三个收藏主体并未直接构建过东巴古籍文献遗产的声像类载体资源，然而，在接待各类科研考察团队及个人的工作中，却间接形成了为数不少的声像类记忆遗产素材。以本书为例，写作前后三次前往调研地，收集采录各类记忆遗产信息，整理形成以音频、视频、照片为主要形式的东巴文化档案共计21部、188段、2416张之多。

3. 记录信息方式

现有收藏主体所有的东巴古籍文献遗产信息记录方式可以概括为三个方面。其一，以象形文字为记录符号的记忆遗产。纳西族象形文字是东巴古籍文献的记录文字，用这种古老表意文字书写而成的典籍内容涉及纳西族古代生活的方方面面，诸如东巴经书反映的是古代纳西族朴素的宗教信仰与伦理纲常，东巴文地契体现的是古代纳西族物物交易与当时的社会经济发展水平，东巴文舞谱还原的是古代纳西族文化艺术与民俗风貌。其二，以图形画像为记录符号的记忆遗产。涉及古代纳西族社会活动的记忆遗产除了承载着丰富内容的东巴古籍文献之外，还包括折射着生动文化光芒的东巴卷轴画、纸牌画、壁画、经书插画、雕塑像以及祭祀活动中使用的各类辅助用品。其三，以场景重现为记录方式的记忆遗产。东巴古籍文献遗产的保护依赖活态化的生存土壤，长期以来，科研工作者、社会热心人士等在调研、保护过程中，借助一系列技术实现了东巴古籍文献记忆遗产的照片、录像、录音、全景拍摄等手段的数字类资源建设。

4. 形成时间及方式

基于研究对象的收藏主体实际，其馆藏东巴经典籍形成时间虽不可考，但均为纳西族演进历史过程中形成的原始记录，这些古籍文献遗产，贯穿社会历史发展变迁长河，在纳西族生活中有不可或缺的作用；其后，随着改革开放的春风吹遍全国各地，纳西族老一辈民众赖以生存的社会环境也随之发生了天翻地覆的改变，社会经济发展改变了传统文化土壤的结构，当初民众生活不可或缺的东巴典籍也伴随着历史进程的洗涤而变得稀缺罕见。为了保持纳西族民族文化传承的连贯性与一致性，部分收藏主体长期开展与民间东巴祭司的传承合作，其颇接地气的身份认同便于保护东巴古籍文献、传承东巴文化新征途的顺利开启。从世界记忆遗产视角审视，后世针对东巴古籍文献孤本誊抄的新作也自然而然成了东巴古籍文献遗产之组成部分。而今，东巴古籍文献作为世界记忆遗产，其外延因认知视角的拓宽而获得了拓展，随着接待科研工作访客量的提升，对外交流联络的渠道愈加畅通，有利于以更丰富的理念与方式来实现东巴文化的传承。因此，基于记忆遗产保护事业框架而建构的保护对象不仅包含历史上形成的手工纸东巴古籍原始记录，还涵盖了为传承遗产而人为生成的各类借助数字化载体转录的东巴古籍文献等。围绕东巴古籍文献、蕴含丰富东巴文化精髓的材料可视为东巴古籍文献遗产在形成时间与方式创新层面的组成部分。

第四节　主要学术观点概况

第一，东巴古籍文献作为世界级遗产，其保护范畴应有所拓展。

东巴古籍文献形成于乡间地头，其使用与传承离不开质朴的乡土环境。作为一项世界记忆遗产，其保护更应全面系统，以重现真实而生动的记忆场景为目标。由此，东巴古籍文献的保护客体应当在传统基础上有所拓展。本书认为，本研究保护客体应包括新中国成立前[1]东巴用纳西族象形文字[2]书写而成并使用的东巴古籍文献，以及与之相关的东巴文化之物质记录形式。

---

[1] 本书所指的东巴古籍文献专指新中国成立前遗存下来的那部分珍贵记忆遗产，而非后世为了开展民间祭祀活动或传承使用而重新誊写或创作的东巴经。

[2] 绝大部分是东巴文书写、极少部分由哥巴文书写而成的东巴古籍文献。

第二，东巴古籍文献形成与收藏的断裂现实和其保护主体的复杂性应予以研究。

长期以来，产生于民间的东巴古籍文献都延续着东巴师徒之间传递与使用的传统模式。因此，早期的收藏者就是围绕东巴古籍文献直接形成者的固定人群，而后的倒卖、流失、征集等变迁致使这一记忆遗产的形成者与收藏者逐渐分离，最终成为以官方与民间为代表形式的断裂面。由此造成的官方保护管理主体与民间实施主体错位，导致东巴古籍文献保护事业长期处于低效状态。东巴古籍文献保护主体的复杂性需要在研究中予以充分剖析与重视。

第三，东巴古籍文献遗产整合性保护的研究，源于保护研究和实践所需。

国内东巴古籍文献保护工作开展以来，保护主体分散，整体的理论研究与实践水平表现为家底不清、协作不力、共享不畅，这一状态与其世界级遗产的身份甚为不符；记忆遗产饱含民众对传统民俗活动怀念的时代烙印，尤其是在现代文明猛烈冲击的当下，民众的怀念之情越发浓厚深沉。借助科学手段，将东巴古籍文献遗产中饱含的隐性知识转化为易为公众接受的显性知识，方可在了解社会需求的基础上，制定长远的文化传承与社会记忆延续规划，服务于社会各界，进而强化民族身份认同、提升文化凝聚力，助力中华民族伟大复兴。

第四，东巴古籍文献遗产保护可通过一个以资源建设、保护管理与信息服务三阶段整合而成的方案予以实施。

东巴古籍文献如同其他民族古籍一样，保护主体众多，保护客体分散且外延较大，保护工程浩大。这些客观现实决定了东巴古籍文献保护事业在今后很长一段时间内仍将继续"大合唱"的集体参与形式，并在保护体系内日臻完善地运行。基于此，如何为这个多方涉足，并已取得一定成绩的世界记忆遗产对象寻求一种切实可行且高效经济的保护策略，整合现有的资源是关键。结合前期研究成果并参照客观实际，本书认为，通过串联保护对象资源建设、保护管理以及信息服务三个阶段，对东巴古籍文献遗产保护事业进行整合建设，能够解决当前保护工作中存在的主要矛盾。

由此，按照东巴古籍文献遗产保护工作推进的常规步骤，可将上述三个整合性保护阶段内的具体保护手段予以协同与重组，构成一个整合性保护模式，并置于具体的保护案例中加以实证演绎。

第五，东巴古籍文献遗产整合性保护模式的运行可通过一个实践运行案例予以演绎。

鉴于东巴古籍文献保护主体多元复杂，保护客体分散凌乱的客观事实。本书认为，应当以多学科理论知识和跨专业实践经验整合为本研究之基调。东巴古籍文献遗产整合性保护应当坚持保护与使用相结合的理念，坚持以遗产实体保护优化与遗产信息资源整合为原则，通过技术与非技术因素协同作用，实现有效保管与多元利用的最终目的。由此，在以东巴古籍文献遗产实体集中保护为前提的基础上，以记忆遗产的信息资源为整合性保护与实践分析的主要对象，设计一套整合性保护模式，在充分尊重保护事业推进将经历近期与中远期两个阶段的现实基础上，对东巴古籍文献遗产整合性保护的实施进行实证演绎分析。

第五节　研究内容与思路

一　研究内容

（一）重视东巴古籍文献遗产保护主体与客体的复杂性与分散性

明确研究对象的内涵与外延，是本书研究体系构建的基石。东巴古籍文献遗产在历史演进过程中，因属性多元、价值珍贵、数量稀少而使其保护主体与原始形成主体逐渐割裂。与此同时，保护主体的多元性以及社会环境的变迁，使东巴古籍文献遗产内部的生态平衡被打破，其文献载体、文献内容与文献所记述事件的东巴文化背景等本属一体的客体也随之分裂。入选记忆遗产后一系列的保护实践，使其保护主体与客体内部愈发分散破碎，不利于遗产保护整体效率的提高。本书立足东巴古籍文献遗产保护主体与客体的复杂性与分散性事实，清晰梳理研究对象以使研究朝着准确的方向开展。

（二）基于现状分析东巴古籍文献遗产整合性保护依据

长期以来，东巴古籍文献遗产保护工作限于主客体条件，整体水平仍停留于初级保管阶段，导致大量内容丰富的遗产资源不为人知，与记忆遗产本应发挥的文化传承功能不相称，与社会各界对资源开发的需求也极不相称。东巴古籍文献作为记忆遗产，保护效能的整体提升正是基于其内部工作驱动与外部环境推动下的双重需求，而提升的手段便是以多学科理论知识与跨专业实践经验相结合为基调的整合性保护。

（三）对东巴古籍文献遗产整合性保护思路的分解研究

本书认为，东巴古籍文献遗产整合性保护可以理解为包含研究基调、理论指导、实践工作、保护主体与保护客体五个方面。研究基调即多学科理论知识和跨专业实践经验整合；理论指导即东巴古籍遗产保护是有效保管与多元利用搭配的整合；实践工作即非技术类保护管理与技术类保护能力的整合；保护主体即遗产管理主体与保护实施主体等几种维度的整合；保护客体即遗产类型、遗产来源内容的整合。与东巴古籍文献遗产整合性保护整体效能提升相关联的具体实施策略，可以置于资源建设、保护管理与信息服务三个阶段中，针对运行保障、保护实践、保护目的、服务对象、运营方式、服务方式等内容进行整合设计。

（四）构建一个东巴古籍文献遗产整合性保护模式

东巴古籍文献遗产整合性保护研究的最终目的是超越初级实体保管，提供记忆遗产信息的资源化服务，实现民族文化的传承与社会记忆的延续。整合性保护设计思路的研究与演绎以一套基于客观事实的模式为科学评判工具。本书将在充分论证遗产整合性保护理论研究的基础上，构建一个合理的整合性保护实施模式。

（五）东巴古籍文献遗产整合性保护运行依托的案例实证

东巴古籍文献遗产整合性保护方案需要依托具体的工作土壤进行科学

论证。结合研究对象保护工作开展的客观现状，本书构建了东巴古籍文献遗产运行案例，划分了推进中所需经历的近期与中远期两个阶段。重点对近期整合性保护案例的资源建设、保护管理与信息服务进行论述，并就如何开展中远期保护实践工作做出必要说明。总体上，为东巴古籍文献记忆遗产整合性保护事业的发展提出可供参考的建议。

二 研究思路

第一阶段，调查研究与资料收集。在前期文献调研的基础上，以云南丽江、玉龙、中甸、四川木里等纳西族聚居地区为重点，对东巴古籍文献遗产的基本属性、分布态势、保护主体与客体的现状等进行实地调研，重点收集与东巴古籍文献遗产各保护主客体及保护措施相关的资料。

第二阶段，按照研究框架和构想进行分析。对保护发展与社会需求趋势进行系统分析，深入探讨保护现状背后深层次的因素。

第三阶段，将研究成果共享给图书情报与档案管理及相关专业的师生、国家相关管理部门以及遗产基层保管机构，为民族地区记忆遗产保护提供理论、实践参考。

第六节 研究方法与创新

一 研究方法

（一）调查研究法

通过对国内外相关数据信息收集筛选和实地调查，掌握东巴古籍文献遗产属性、保护主客体、遗产分布、保护现状与保护趋势等基本情况。

（二）案例实证法

以具体地点调查数据资料为依据，分析东巴古籍文献遗产国内保护现状、损毁原因，总结当地政府与相关部门的保护经验。

（三）借鉴研究法

由于东巴古籍文献遗产具有档案、古籍、文物和记忆遗产等多元属性，本研究将借鉴文化遗产学、古籍学、博物馆学、图书馆学等相关学科的理论、方法和研究成果，充实完善课题研究内容。

（四）技术分析研究法

通过数字化技术分析研究，理清东巴古籍文献遗产保护方案建设思路，为全面提升这项记忆遗产的保护和利用工作水平提供可行性思路。

（五）跨学科整合研究法

以文献学为指导，辅以民族学、档案学、语言文字学，同时以计算机技术为辅助研究手段，结合遗产保护主客体内容，提出一套适于东巴古籍文献遗产整合性保护的理论与实践范式。

二　研究创新

（一）从生态化视角对东巴古籍文献遗产保护主体、客体范畴及两者之间的关系进行研究

本书基于辩证统一与科学发展的思路，摒弃前期研究视角单一化的惯性范式，从更加全面系统与动态变化的视角看待东巴古籍文献遗产保护的主客体内容范畴；并在借鉴生态循环理论的基础上，对研究对象保护主客体之间的业务生态关系进行系统梳理与分析。这对拓展遗产保护的研究领域，完善其学科理论体系有较好的学术创新作用。

（二）对基于多学科视角的遗产整合性保护理论研究与实践工作有所启示

整合性保护研究方法不仅可整合档案、古籍和文物等学科在东巴古籍文献遗产保护方面的相关研究理论与实践方法，总体提升研究成果的理论

价值，并更好地解决这项记忆遗产的科学管理与保护问题，还可为我国各地区的珍贵记忆遗产进行科学有效的保护提供示范与参考。

（三）拓展档案学研究范畴

本书以东巴古籍文献遗产为研究对象，进行属性界定、主客体分类、保护现状分析、整合性保护思路依据与理论梳理，以及整合性保护实施方案与运行模式等论证，研究过程与所得结论可在基于档案学专业研究范畴之内，有力地完善与拓展民族档案学以及档案遗产保护学的理论知识和实践经验。

（四）结合实际提出记忆遗产资源整合性保护的理念与范式

本研究不仅运用翔实的调研数据结论支撑东巴古籍文献遗产整合性保护开展的必要性与可行性，而且通过理论思路的分解，充分尊重研究对象保护的客观情况，将多学科理论知识与跨专业实践经验相结合，把技术与非技术保护因素最大限度地联系起来，借助整合性保护方案的技术支撑，构建行之有效的保护模式，形成能够指导记忆遗产整合性保护的理论与实践范式。本研究成果有较强的理论指导和实际运用价值。

第二章 研究对象保护现状分析

第一节 研究对象的分布与分类状况简述

根据 2014 年所做的数据分析[1]，本书将东巴古籍文献遗产划分为海内外官方与民间分布两种体系。据统计，海内外存世的东巴古籍文献[2]总量大致为 30000 册。[3]

一 海外分布

从海外分布情况看，海外分布体系由海外官方分布体系与海外私人收藏两种形式组成。诸如哈佛燕京图书馆（Harvard-Yenching Library）所藏东巴古籍文献便属于海外官方分布体系，而约瑟夫·洛克（Joseph Charles Francis Rock）则是海外私人收藏东巴古籍文献的著名学者。此外，新中国成立前，民间倒卖导致的东巴古籍文献流落于海外私人收藏者手中的例子也确有存在。总体而言，海外主要分布于美国、英国、法国、德国、西班牙、匈牙利等国的学术研究机构、公共文化机构以及民间，存量约为 10000

---

[1] 本课题组主持人胡莹在 2014 年撰写其博士学位论文《档案学视野下的东巴古籍文献遗产保护研究》时，曾通过文献查找、网络搜集、问卷调查以及实地调研等手段，对东巴古籍文献遗产收藏情况做过系统的分析，这里的数据分析源于此。
[2] 此处纳入统计的对象包括内容反映祭祀活动的东巴古籍文献以及其他反映纳西族社会生产生活的历史记录文献材料，诸如东巴文书、东巴文账本、东巴文地契、东巴文医书、铭刻于金石类载体之上的东巴文铭刻以及绘制在布料载体上的东巴卷轴画等。这些统计对象须符合以下条件：形成时间为 1949 年以前、书写文字为东巴象形文字、典籍内容不应出现重复。
[3] 30000 册的存量统计不一定精确，除官方收藏的东巴古籍文献数量较为稳定外，民间散存且符合统计范畴的遗产对象数量也相对恒定。

册，占比约为 33.3%。其中，美国、英国、法国、德国、西班牙是收藏数量最多的国家。美国收藏有 7200 多册东巴古籍文献，而收藏东巴古籍文献最集中的地区是欧洲，整个欧洲东巴古籍文献收藏数量约为 3000 册，英国曼彻斯特大学（The University of Manchester）的约翰·赖兰兹图书馆（The John Rylands Library）、大英博物馆（英国博物馆）（The British Museum）等机构收藏有约 200 册的东巴古籍文献；法国国家图书馆（La bibliothèque nationale de France）、吉美特艺术博物馆（Musée Guimet）、法国远东学院（École française d'Extrêm-Orient，EFEO）以及巴黎东方语言文化学院（Institut national des langues et civilisations orientales，Inalco）共收藏有约 78 册东巴古籍文献；德意志国家图书馆（Die Deutsche Nationalbibliothek）也收藏有约 1000 册东巴古籍文献。此外，西班牙收藏的 573 册东巴古籍文献加上荷兰、匈牙利等国的官方机构与民间的收藏，总量有 1000 多册。[①]

二　国内分布

从国内分布情况看，国内分布体系由国内官方机构与民间传承机构收藏、民间收藏以及民间形成者世代相传四种形式组成。东巴古籍文献在国内主要收藏于北京、南京、四川、重庆、云南、台湾等地的文博机构、民族委员会古籍办公室及民间，存量约 20000 册，占比约为 66.7%。国内东巴古籍文献主要集中分布在以下一些官方机构——位于云南的玉龙纳西族自治县图书馆（4375 册）、东巴文化博物馆（1800 册）、东巴文化研究院（1700 册）、云南省图书馆（600 余册）、云南省博物馆（577 册）、云南省民委古籍整理规划办公室（200 余册）、丽江市档案馆（68 册），位于首都的国家图书馆（3800 册）、中央民族大学图书馆（100 余册），位于江苏的南京图书馆（100 册），位于重庆的中国三峡博物馆（68 册）、重庆图书馆（100 册），位于台湾的台北"故宫博物院"（1300 余册）、"中央研究院"历史语言研究所傅斯年图书馆（373 册）等文博单位。

---

① 胡莹：《档案学视野下的东巴古籍文献遗产保护研究》，中国社会科学出版社，2016，第 42 页。

除官方收藏主体外，东巴古籍文献也广泛分布于民间。当前的东巴古籍文献遗产传承机构几乎都是民间性质的，随着东巴古籍文献遗产保护工作的持续发展，纳西族聚居区开设的东巴文化传承学校也日渐增多，有由集团公司扶持运作的，有由村民共建维持的，还有由协会、个人身份组建运营的。这类民间传承机构日常教学活动使用的传承教材以捐赠的原始典籍与誊抄的新录文献为主，因此，部分传承学校保存有东巴祭司书写流传至今的珍贵记忆遗产，如迪庆州东巴传习馆（白地吴树湾村汝考东巴文化学校）存有200余册东巴古籍文献及少量东巴文地契票据，白沙乡白岳庙东巴文化学校亦有少量收藏。由于丽江地区旅游经济发展过热，如大研古镇、束河古镇等位于旅游中心地带的纳西族传统聚居区内的东巴文化土壤已发生彻底的断裂，东巴文化及与之相关的东巴古籍文献在旅游景区除了空壳化存在之外，再难有事实上的重振机会，记忆遗产的生存面积与范围也逐渐缩小，随之回流至丽江鲁甸乡、巨甸镇、塔城乡、宝山乡、大具乡、中甸三坝乡、四川俄亚纳西族乡、依吉乡等地。由于自然条件艰苦、经济实力薄弱等，上述地区的东巴文化在中西主流文化淘洗的大环境下，反而得以幸免。近年来，基于传统东巴古籍文献遗产开展起来的传承工作进展平稳，故上述地区的东巴古籍文献确有零星分布。

民间收藏者也是国内民间散存东巴古籍文献相对集中的一个来源，其中尤以纳西族民间收藏者为最，如白庚胜老师、和力民老师、郭大烈老师以及戈阿干（和崇仁）先生，都是纳西族著名学者。和力民老师很早就开始注重对东巴古籍文献的收集，一方面省吃俭用自筹经费收集民间散存的东巴古籍文献，另一方面亲力亲为创作一批适于传承使用的素材。而云南民族大学李国文先生则是为数不多的长期致力于收藏与研究东巴古籍文献遗产的汉族学者。

此外，由于东巴经的使用根植于民间草根土壤，从前大量的东巴经自东巴撰写形成之日起，便一直留存于东巴世家中，故而如今实地调研时仍可见到罕见珍贵的东巴古籍文献孤本以相当简陋的保存方式收藏于东巴后代家中。这部分东巴古籍文献遗产的消亡速度处于不可控范围之内，笔者调研时所见，有的遗产被二次利用为传承教材，有的遗产被锁定为官方征集对象，有的遗产被压在箱底，还有的遗产即将被倒卖。这部分遗产种类丰富，有的内容已然超出了目前所知的范围，它们生动形象地再现了纳西族古老的生活场景。调研之余，笔者也深感抢救任务之艰巨以及保护手段多元化的迫切性。

三 海内外东巴经典籍现有分类状况

截至目前，业界对于东巴经典籍的分类尚未取得共识，因此，收藏东巴古籍文献的主体部门对馆藏东巴典籍分类各有不同。如美国国会图书馆（Library of Congress）于1998年11月至2001年11月期间邀请云南省博物馆朱宝田先生对其馆藏典籍按15个类目进行了划分，如图2-1、2-2所示。

图2-1　美国国会图书馆馆藏东巴古籍文献分类电子目录页面

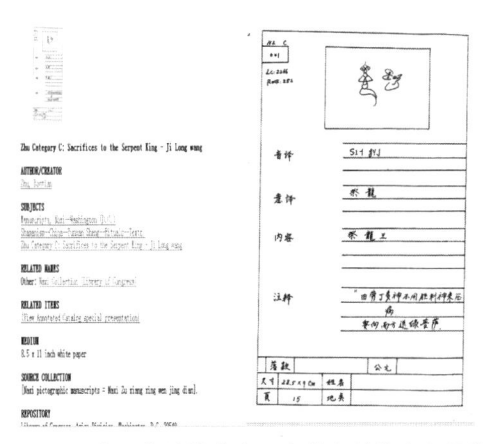

图2-2　美国国会图书馆馆藏东巴古籍文献检索条目信息页面

而哈佛燕京图书馆也邀请朱宝田先生对馆藏成书于 1826 年至 1910 年的珍贵东巴经典籍按照 13 个主体进行分类编排。并且对每个条目所包含的内容进行手书纳西象形文题名、拼音题名、中文译名、内容提要、相关注释、手稿成书时间、尺寸、页数、作者和地名等信息标注。[①] 如图 2-3、2-4 所示。

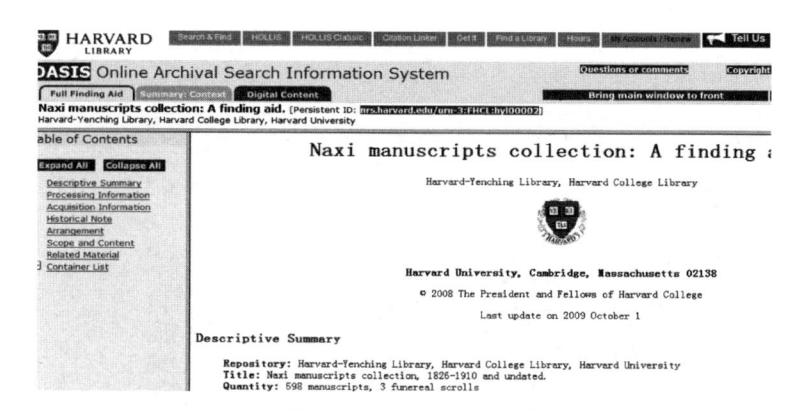

图 2-3 哈佛燕京图书馆馆藏东巴古籍文献数据库页面

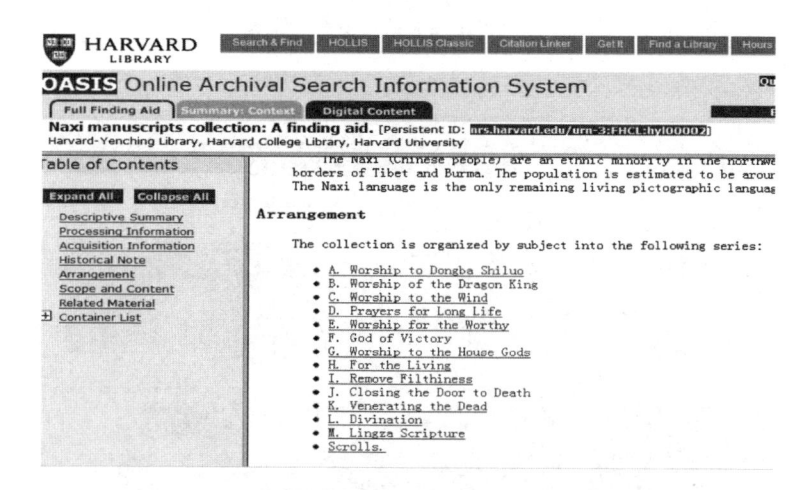

图 2-4 哈佛燕京图书馆馆藏东巴古籍文献分类条目页面

---

① 张海惠：《中国学研究书目编纂之思考——从〈二十世纪中国少数民族文献分布及研究成果——国际性书目之书目〉的编纂说起》，《中国索引》2005 年第 1 期。

台湾"中央研究院"历史语言研究所傅斯年图书馆的东巴经典籍大多成书于 1920 年至 1940 年，此后又通过数位典藏技术，将馆藏典籍以及民族文化素材制成研究数据库，建构了民族文书影像专属的信息管理系统。其中，纳西族东巴文化主要通过三大类，田野照片、民族文书及民族文物进行展示。而东巴经典籍集中于民族文书类目下，以各本经书具体讲述的内容来顺序排列，但并未按照内容对经书进行分类。如图 2-5、2-6、2-7 所示。

图 2-5　台湾"中央研究院"历史语言研究所傅斯年图书馆馆藏民族照片资料库页面

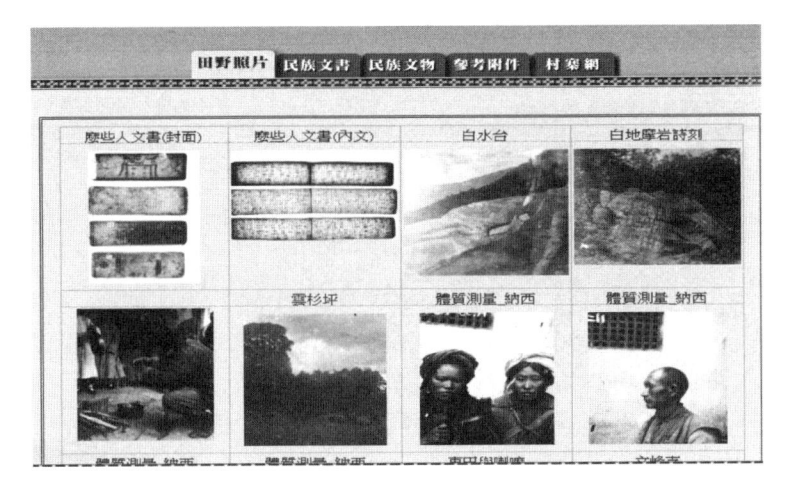

图 2-6　台湾"中央研究院"历史语言研究所傅斯年图书馆馆藏东巴文化及纳西族相关资料分类检索页面

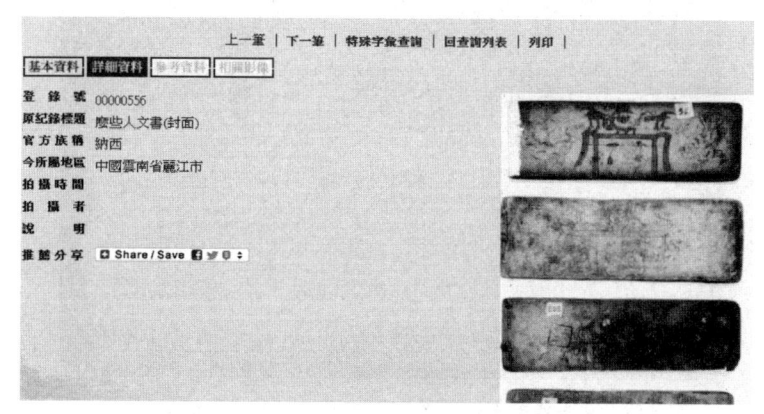

图 2-7　台湾"中央研究院"历史语言研究所傅斯年图书馆馆藏东巴古籍文献分类数据信息页面

云南省图书馆将馆藏的东巴古籍文献与馆内其他珍贵的古籍文献一起保存在保管设备齐全的恒温恒湿善本特藏库内。由于善本特藏库内的图籍几乎不对外开放，故保管之初仅是对内容做过简单的释读，将同一属性的东巴古籍文献用汉字做简单说明后归为一类。具体如图 2-8、2-9、2-10 所示。

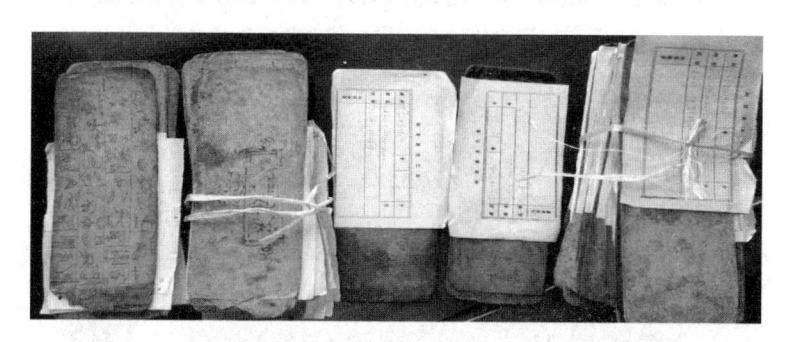

图 2-8　云南省图书馆善本特藏库内馆藏东巴古籍文献一览

玉龙纳西族自治县图书馆所藏 4200 多册东巴经典籍，其中已有 3 册入选《国家珍贵古籍名录》，该馆对馆藏的东巴古籍文献做好了登记工作，但由于基层条件有限，数字化工作尚未开启。其编目标准系按照馆藏典籍内容划分所得，不同柜架表面张贴的是具体的分类项目名称，对应的柜架里存放与此相关的典籍。具体如图 2-11 所示。

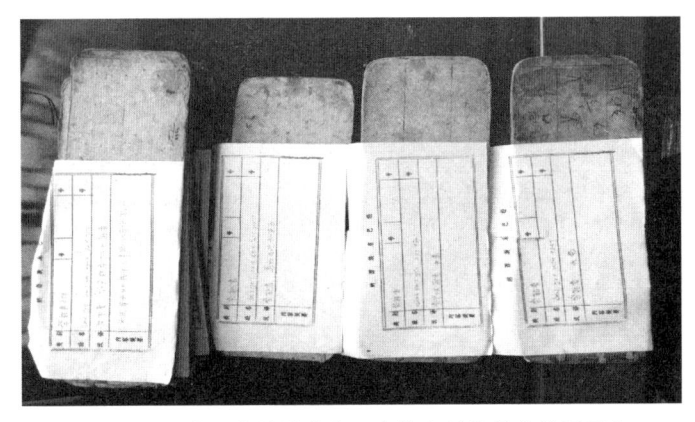

图 2-9　云南省图书馆馆藏东巴古籍文献简易分类展示之一

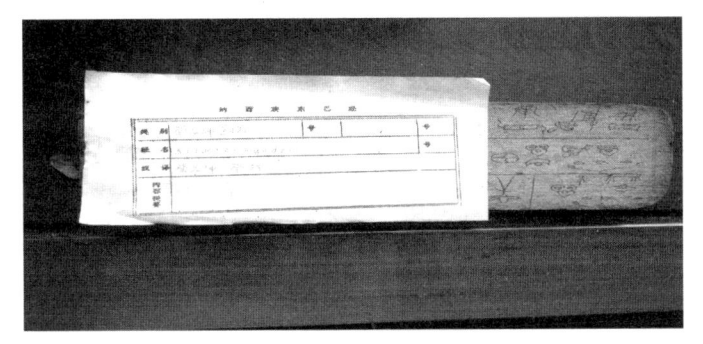

图 2-10　云南省图书馆馆藏东巴古籍文献简易分类展示之二

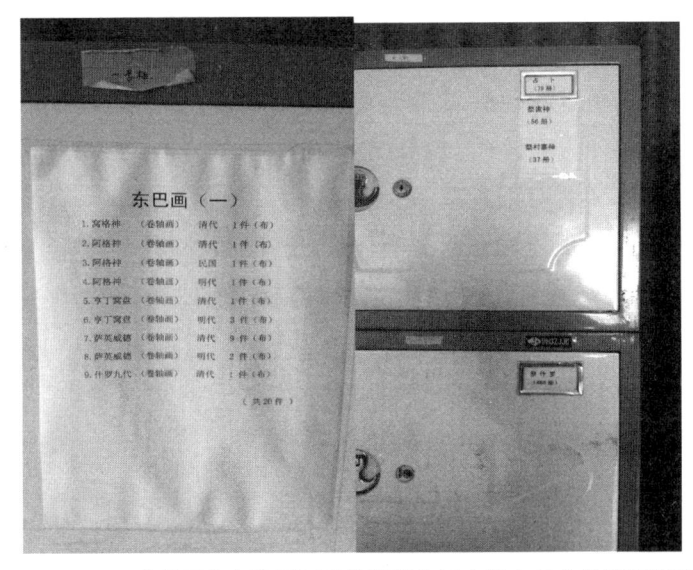

图 2-11　玉龙纳西族自治县图书馆馆藏东巴古籍文献分类整理状况

东巴文化博物馆馆藏东巴文化相关物件的分类以"礼仪""古籍""艺术"为主,其中,"古籍"类对应东巴古籍文献。该馆聘请东巴祭司对馆藏典籍做基础释读与整理,在此基础上,完成了东巴古籍文献内容与来源等信息梳理,但馆内1800多册典籍尚未开展规模性的编目工作。具体如图2-12所示。

图 2-12 东巴文化博物馆馆藏东巴古籍文献分类信息展示

第二节 研究对象的保护状况分析

东巴古籍文献虽为世界记忆遗产,但其社会知名度与保护力度却明显低于同属云南省丽江地区纳西族世界文化遗产的丽江古城。本书认为,造成这项记忆遗产隐形的原因在于其遗产类型社会化程度不高,以及保护开发等工作滞后。相较而言,诸如丽江古城的文化遗产价值可直接以易为社会普遍周知与接受的显性知识,通过匠心独运的建筑群、房屋布局、古城设计,颇具特色的古城内风土人情、古城内生态循环等多种形式的内容来体现。这些显性知识能够以人们喜闻乐见的方式被直接获取,因此,这项文化遗产显性知识激发的社会需求可以作用于遗产保护措施,使其在挖掘与拓展遗产隐性知识的基础上,以长效稳定的方式不断完善与发展,最终形成辩证统一的文化遗产保护业务生态循环体系。然而,以静态东巴古籍文献为主要组成部分的东巴古籍文献遗产,与生俱来存在古籍受众面窄、内容陈旧以及文字不可识别等性质，导致整个社会对这项记忆遗产缺乏足够的重视。由此，整个东巴古籍文献遗产资源的隐形化，致使其保护事业的发展长期不见起色，记忆遗产保护工作陷入难以发生质变的困境。

造成东巴古籍文献遗产资源隐形的原因很多，本书将这些原因归纳为两个方面，即表象原因与本质原因。表象原因主要表现为东巴古籍文献是以东巴象形文字书写而成的民族古籍，当今东巴象形文字识读者甚少，而民族古籍作为未加工过的原始文献，使用范围极为有限。因此，这些固有属性制约、阻碍了这项记忆遗产中所蕴含的知识的显性化转变。本质原因则主要表现为与记忆遗产保护开发相关的各项工作，因社会整体保护意识不足，引发一系列由保护条件短缺而导致的非技术性滞后。综上，其表象原因与本质原因在理论与实践中的相互作用，影响并制约了东巴古籍文献遗产保护事业的总体进展速度与效率。这项记忆遗产资源隐形化的生存状态，难以满足社会各界对遗产类信息资源显性化知识认知、学习与保护的需求，进而导致这项记忆遗产保护的业务生态失衡。因此，针对造成东巴古籍文献遗产保护失衡的本质原因进行全面系统剖析，是抓住研究对象保护现状问题的关键。

一　东巴古籍文献保护研究分散

（一）东巴古籍文献收藏零散导致研究合力难以集聚

东巴古籍文献遗产承载着反映古老纳西族先民的生活场景，是一部"百科全书"。这份属于纳西族共同的社会记忆遗产，点滴积蓄，内容的丰富、题材的多样、形式的纷繁、多舛的命运致使其集中度较低，极易形成信息孤岛，研究难以形成规模化。单看现阶段保存该记忆遗产的官方机构之多，即可见其分布的分散性与保护复杂性之一斑。经调研与分析，笔者认为影响东巴古籍文献遗产分散分布的原因大致有以下五个方面。

1. 形成原因

东巴古籍文献是由纳西族中"智者"东巴祭司手抄创制而成，并运用于日常生活中，充当宗教祭祀、祈福祝祷等活动中唱诵经典的教材、道具。

由于旧时纳西族先民生活区域城镇划分与现代社会差距巨大，且人们敬畏自然力量、原始崇拜盛行，致使生活中的各类活动都主动或被动与宗教祭祀活动捆绑在一起。而后，随着城镇化进程与现代文明冲击日益加剧，纳西族生活的社会及其文化在保持传统的基础上，自然而然产生了一系列创新。旧时的生活格局被彻底颠覆，随之代表纳西族传统精神寄托的这项记忆遗产不断萎缩，最终其物质载体形式东巴古籍文献被隔绝在了城镇之外的乡村。而抄写并收藏这些经典的东巴祭司由于赖以生存的环境与条件的改变和唱诵机会的减少，这些纯正的传承人放弃这一谋生手段，进而导致手中掌握的经典古籍分布愈加散乱，后续古老的东巴古籍文献甚至流失海外。

2. 分配原因

现存已知入选世界记忆遗产的东巴古籍文献以官方机构的馆藏部分为构成主体，长期以来的社会关注与业界研究也多围绕于此，由此产生的聚集效应进一步加剧了官方与民间两大保护主体资源的不对等性。未能及时关注民间散存东巴古籍文献遗产的局面也造成保护真空区尚存，以致时至今日非法倒卖活动仍在持续。此外，东巴古籍文献官方收藏机构也同样由于历史上分配政策的指向而存在分布散乱之态。不仅这一记忆遗产的官方收藏机构遍布全球，且世界各地收藏的古籍文献呈星点状散存于图书馆、博物馆、档案馆以及保护研究所等机构。单从国内来看，东巴古籍文献在北京、南京、四川、重庆、云南以及台湾均有数量不一的分布，其中以云南省为最多。东巴古籍文献作为云南省世居民族纳西族手书的记忆遗产，其实体又因收藏部门拆分或合并、收藏部门间借还、收藏部门各自开展征集等而形成不规则散存状态。如此分布格局给记忆遗产整体保护开展、社会认同与参与、遗产系统化传承等各项工作的实施与效率的提升带来了不少阻碍。

3. 利益原因

东巴古籍文献自晚清至新中国成立之前的这段时间内，大部分几经转卖而无固定藏所。这期间的诸多征集倒卖等活动，打破了东巴古籍文献原有的宁静状态，对于征集倒卖者抑或是记忆遗产持有者而言都有极大的冲击。一方面，征集倒卖者绝大多数是各类身份的境外人员，他们中既有前往纳西族聚居区进行自发性征集的个别活动，也存在有规模有组织倒卖的集体活动。前者虽然大多是以科学研究的名义实现转移东巴古籍文献的目的，但由于实施者自身在当地具有社会影响力与号召力，导致其出于喜爱、使用或保护等目的而进行的单次征集所得记忆遗产数量往往超过集体倒卖的总和，此类征集最终造成东巴古籍文献的分布愈加散乱。抛开其有限的正面积极作用，其负面危害可见一斑；而后者则多借助宗教、旅游、经商或探险等理由进入这片神秘又交通闭塞的西南腹地，通过传播西方文明等方式换取生存日益艰难的记忆遗产持有者的信任，抑或是以货币交换方式摧毁正为生计发愁的持有者的思想防线。由此，获得利益的部分记忆遗产持有者甚至成为效仿的对象，越来越多的倒卖行为对于东巴古籍文献长远期的危害未能以显性方式迅速浮现，致使心怀抢救意愿的人员难以从根本上扭转局势，越来越多成体系的东巴古籍文献被拆得七零八落，最终流失。

4. 时代原因

东巴古籍文献在遭遇了新中国成立前的一轮倒卖之后，已然出现了诸如记忆遗产体系不全、保存散乱等一系列问题。新中国成立后，国家百废待兴，东巴古籍文献固有的社会需求环境持续改变，以此类文献为重要谋生工具进行祭祀等传统活动的东巴祭司生存境遇也不可阻挡地出现了大幅度衰落。此后的东巴古籍文献大致经历了两次生存裂变。第一次生存裂变系"文革"十年造成的传承停滞与断代。十年浩劫对于东巴古籍文献危害极大，负面影响深远，其中不乏对东巴古籍文献的曲解，认为它是宣扬封建迷信且必须被彻底摧毁的精神毒瘤。这样的定义让收藏者、使用者、认同者围绕于此的一切行为都变成了沉重的枷锁，以致他们纷纷通过丢弃、焚烧、转卖等不同的方式摆脱与这项传统遗产的关系。由此，表面上分布越来越杂乱的现状却共同指向一个方向，即一番洗涤压垮的不仅是原来民俗活动中稳定的文化运转生态结构，更是本民族对这一文化传统曾有过的深信不疑的认同与坚持。至此裂变后，东巴古籍文献遗产无论从形式还是实质上再难实现纯粹。第二次生存裂变系入选《世界记忆遗产名录》后被打着保护的由头而遭受人为破坏。2003年东巴古籍文献成功入选了《世界记忆遗产名录》，成为截至当时全国入选记忆名录榜上唯一一份属于少数民族记忆的遗产。而后，各类抢救保护活动热闹地开展起来，但世界级遗产的金字招牌下，暗藏的诸如文献造假、贩卖倒卖等非法行为也日渐增多。分散于民间的东巴古籍文献越发难以进行系统准确的统计，而官方体系内保存的那部分遗产，也分散于不同类型机构中，其生存环境因地域、业务水平、重视程度等因素的影响而差异巨大。遗产保存境遇体系内外有别，更难以避免产生"马太效应"。此裂变的发生进一步加剧了东巴古籍文献的分布不均。

5. 遗产保护目标原因

对于旧时纳西族而言，日常生活中很多行为都与原始东巴教崇拜有紧密关系，这也造就了东巴古籍文献中记载的大量内容，在后世看来均能真切地反映纳西族社会生活百态。时至今日，记忆遗产中反映宗教内容的功能随着时代发展及科技进步已然发生了颠覆性的改变并弱化，而体现东巴文化及纳西族社会集体记忆的功能则伴随时间的沉淀显得愈发纯粹与珍贵。东巴古籍文献遗产本身具备的多元内容属性决定了保护与传承工作应当超越传统"一物一吃"的孤立思路，而转向"一物多吃"的整合观念。东巴古籍文献遗产的保护不仅是对静态东巴典籍的保护，还应对动态东巴文化进行记录式保护。二者合而为一后，实现记忆遗产整体化的活态传承将是不二的保护目标。然而，这个统一目标背后同样存在诸多的分离。大致而言，可从两个方面进行分析。首先，东巴文化建档后形成的东巴档案存在收藏分散的隐患。简而言之，东巴文化涵盖的内容应为东巴古籍文献内容与纳西族传统民俗文化之交集部分。对于这些动态对象而言，捕捉、记录、建档、保存等一系列的工作并不是任意一家东巴古籍文献遗产收藏主体均可为之的业务。因此，在有限的业务主体之内开展东巴文化建档工作，建成的东巴档案不可避免存在收藏分散的分布态势。其次，传统固态化东巴典籍与非传统固态化东巴档案之间的分离。东巴典籍的分布历经倒卖后变化几乎停滞，而东巴档案作为新兴的记忆遗产组成部分，广泛形成并分布于官方机构与民间，虽然共同组成东巴古籍文献记忆遗产，但二者真正做到合一的状态仍属罕见。相对于东巴典籍在纳西族社会生产生活中自然形成的生长轨迹，东巴档案则是待东巴古籍文献列入《世界记忆遗产名录》后，为便于更好地对纳西族这一项珍贵的记忆遗产进行全面保存与传承而创制形成。其生存记录形态较为多样，建档记录工作在尚未统一化、标准化规划部署下，存在民间自发特性，故对于其分布状况，本书暂不予评估。

（二）理论研究者与保护实践者之间存在较大错位

东巴古籍文献遗产保护研究者大部分来自高校与科研机构，直接参与保护实践的工作人员少之又少，理论研究与保护实践之间存在很大程度的脱节，记忆遗产理论保护与实践呈现彼此脱离而又孤立存在的状态，导致理论研究中提出的对策建议不为实践工作者认同与采纳，实践工作中遭遇的各类问题以及凭借经验解决的方法，未能及时反馈到理论研究中，进而东巴古籍文献遗产理论保护研究成果指导不了实践工作，更难以实现服务社会的保护目的。本课题组认为，造成东巴古籍文献遗产保护理论与实践错位的原因主要在于以下几个方面。

第一，理论研究者多不识东巴象形文字，也不是纳西族，只能以旁观者的从属姿态参与各项与保护相关的实践活动，对这项记忆遗产的认识与理解带有局限性与片面性。

第二，东巴古籍文献遗产保护实践工作者大多处于最基层机构，在从事科研工作时，往往难以获得与世界级记忆遗产对等的资源，其研究成果也往往难以引起社会广泛关注。

第三，长期以来，理论与实践分离的格局，导致保护实践者不认同理论研究成果的实际价值，甚至不需要理论指导基层具体保护工作。

第四，理论研究者在研究中亟须克服诸如处理人际关系的非技术性困难，对于长期持续性实地跟踪调研的研究者而言，能够在与少数民族人民的相处中获得认同与信任，是科研成果有价值的关键。否则，始终徘徊在边缘状态难以得到真实的数据，将无助于研究工作的进展与成果的反馈。

（三）保护研究成果缺乏互相借鉴与整合

与东巴古籍文献遗产保护相关的研究自20世纪90年代末以来，屡见于业界。这些成果除部分从文献学、档案学、史学、语言文字学等学科视角，以东巴古籍文献为核心研究对象外，其余大部分将这项记忆遗产作为纳西族东巴文化之附带对象，基于更广阔的学科背景进行理论研究。随之得来的研究结论也表现出对于保护措施的诸多主张，如针对东巴古籍文献遗产提出的抢救式保护、强化保管的建议，针对世界文化遗产的开发式保护以及多元利用等各种结论。然而，一批批多年积累起来的理论研究，对于东巴古籍文献遗产保护实践提升，并未产生预见性效果。究其原因，东巴古籍文献虽为一项记忆遗产，但与生俱来兼有历史文献、文物、档案等多元属性，加之这项遗产反映的纳西族社会记忆，其内容涉及民俗、宗教、科技、艺术等领域，同时兼具历史原生性、朴素哲学性、生态环保性等特点，基于单一学科视角研究所得结论难以覆盖东巴古籍文献全貌，而东巴古籍文献前期研究成果之间又缺乏互通有无的借鉴与整合，这是保护理论未能获得质性飞跃，以及实践得不到长足发展的症结所在。

（四）研究对象范畴认识不清

针对东巴古籍文献遗产的保护研究，在一定程度上与实践工作脱节，导致理论研究锁定的对象与实际保护工作中的对象之间，存在一定程度的错位。此外，东巴古籍文献遗产保护研究领域内，研究成果信息共享度较低，个别有价值的观点容易被埋没，因此，针对东巴古籍文献记忆遗产的内涵外延研究未随其保护理论研究的深入而拓展，对研究对象的范畴认识不清，更加阻碍了理论研究运用于实践。

（五）以技术为主导的保护研究不足

随着业界对遗产类对象保护研究的推进，保护研究的发展也从最初的单纯关注保护技术方法逐渐上升为对"保护>技术"理念的认同与推广，保护研究格局由理工学科主导转变为管理学科主导。管理学科研究遗产保护能从整体视角出发，得出更系统的结论，但由于遗产保护研究缺乏整合，基于宏观管理学科体系下的各个具体学科依然无法打破理论研究视角单一的局限。仅靠管理学笼统视角所得的研究结论，既不能为保护实践提供抢救式或开发式保护的技术支持,又无法扩大研究结论向实践成果应用转化的可能。归根结底,任何一种遗产的保护都应该以实实在在的技术为龙头。

综上,东巴古籍文献遗产理论研究者与实践工作者之间的错位,导致遗产理论研究成果无法指导实践工作,记忆遗产保护知识始终处于从一种隐性形态向另一种隐性形态过渡的量变状态,相关理论研究结论中的隐性知识无法以显性方式为社会共享与利用,致使记忆遗产保护理论研究分散,前期成果指导实践并服务社会的目的难以实现。

二 东巴古籍文献保护实践落后

(一) 记忆遗产保护体制僵化,物权归属不明,协同合作不足

东巴古籍文献遗产除了官方收藏外,尚有为数不少的经典散落民间。但现行的记忆遗产保护工作,仍沿袭以官方机构为主导的传统形式展开,并未论证或启动引入社会组织参与记忆遗产保护的认证机制。保护体制的僵化导致官方资源与民间资源得不到合理配置。与此同时,官方资源体系内的记忆遗产保护未能获得长足发展,与其管理体系构建不科学,遗产物权归属不明导致保护多头管理等有关。东巴古籍文献遗产属性多元,物权归属始终没有明确,由此造成大量的多头管理,致使东巴古籍文献遗产保护主体分散,隶属于很多不同性质的官方机构,如作为记忆遗产收藏主体的玉龙纳西族自治县图书馆由玉龙县文体广新局管辖,丽江市博物馆由丽江市文化广电新闻出版局管辖,东巴文化研究院隶属中国社会科学院,丽江市档案馆则由丽江市人民政府管辖。以上这些收藏记忆遗产的基层部门往往业务自成一体,各有一套互不相通的保护模式,当实践中遭遇一些迫切待解决的困难时,记忆遗产保护主体之间很难形成自上而下有效且统一的应对措施。此外,鉴于遗产保护主体之间未能打通协同合作的限制,东巴古籍文献遗产总体保护事业缺乏必要的分工,当困难发生时,将额外增加保护资源投入,增大浪费的概率。

（二）记忆遗产保护法律规范过于粗放，针对性不强

现阶段，我国记忆遗产保护法律的制定需要参考国内文物保护规范，并以联合国教科文组织制定的《世界记忆——保护文献遗产总方针》有关条款为理论基础。由于我国可供借鉴的法律法规有限，加之记忆遗产保护力量相对较弱，长期以来保护工作中经常遇到"无法可依"的处理窘境。自 1997 年中国传统音乐录音档案入选《世界记忆遗产名录》以来，20 余年间针对入选《世界记忆遗产名录》的保护法律法规仅有一部，即 2017 年由广东省档案局主导、多个相关部门与机构联合论证后推出的《广东省侨批档案保护管理办法》。与此同时，所属纳西族的另一项世界文化遗产丽江古城早已形成了一套完备的保护法律体系，但直接针对东巴古籍文献的保护法律却依然缺失。实践中最接近且可供参考的法律只有《云南省丽江纳西族自治县东巴文化保护条例》和《云南省纳西族东巴文化保护条例》。本书在调研期间也就一些新技术运用于东巴古籍文献遗产保护听取了基层保护主体的意见，有关人员认为实际保护工作无法开展的根本原因，大多与缺乏法律参考、没有法规支持有关。可见，东巴古籍文献遗产保护依托的法律体系建设速度与保护需求不匹配，专指性保护法律亟待制定与实施。

（三）记忆遗产保护工作缺乏相应的标准化指导

东巴古籍文献遗产保护主体众多，分布零散，各行其是，总体拉低了记忆遗产整体保护事业的水准。本书认为，无论是对收集后的记忆遗产保护对象进行数据信息的统一编制，还是保护管理的开展，以及保护技术的运用，都是动态的过程。这个动态过程的前端、中端与后端工作互相作用，三者的循环往复需要相应的标准化支持。东巴古籍文献遗产实体资源征集方式的选取、整理方式的统一，信息资源数字化录入工作的开展与提供利用等具体工作，都离不开标准化的指导与参考。由此，本书认为，针对东巴古籍文献遗产保护的标准化研究亟待梳理与完善。鉴于东巴古籍文献遗产的载体多由东巴手工纸构成，其构造原理已有学者涉足，该手工纸由于质地坚硬、韧性较好、防虫抗霉等特性，其总体保存质量能够达到数字化

工作的要求。在新标准尚未出台之前，东巴古籍文献遗产数字化实践可以先行参照汉文古籍已有的标准开展工作，一方面减少制定新标准所需投入的人财物力资源，另一方面能够让保护标准化工作以最快的速度开展起来。通过借鉴与优化资源的方式，构建一套遗产保护标准化工作机制，在整齐划一的标准化协同合作平台之上，构建记忆遗产个性化定制保护的方式，在现阶段最为科学可行。

（四）记忆遗产保护制度建设松懈，保护工作开展动力不足

本书调研得知，现阶段众多东巴古籍文献遗产保护主体中，无一处设有专门针对这项记忆遗产的保护制度。基于常规化业务管理制度框架下的记忆遗产日常保护实践工作，因执行力与建设力不足而显得随意而松懈。由于东巴古籍文献遗产在各家保护主体中绝大部分以特色库藏品姿态存在，其保护管理工作混杂在特点不突出的宏观业务体系内，一并参照常规工作管理制度执行。实际上，东巴古籍文献遗产保护主体中的绝大部分是基层文博事业单位，这些保护主体限于业务规模而存在诸如保护制度笼统、工作内容程式化、特色资源被常规业务所掩盖等问题。长期以来，这些僵化的制度限制了保护主体内工作人员主观能动性的发挥，导致工作开展被动，进展缓慢。包含东巴古籍文献遗产保护考核机制在内的制度建设不力，挫伤了保护者的工作主动性、积极性与创造性，从而加剧了记忆遗产保护业务生态失衡，致使遗产保护工作开展的动力不足。

（五）记忆遗产保护专项经费缺失，遗产获助渠道单一

经费不足一直是困扰东巴古籍文献遗产保护的顽疾，资金短缺严重制约着保护工作的开展。对于收藏着大量东巴古籍文献遗产的基层保护主体而言，与保护工作相关的软硬件条件都亟待提高。调研得知，目前东巴古籍文献遗产的保护尚未配置专项经费，而收藏记忆遗产数量较多的各基层保护主体也没有其他获得长效化资助的合法渠道，社会赞助的方式尚未有先例可供借鉴。因此，在得不到充足经费支持的状况下，基层保护主体只能退而求其次开展一些"毛毛雨"式零碎的保护工作，既达不到规模引发

普遍关注，又做不到全面推进实践实现跨越式发展。针对该记忆遗产保护工作受制于此的现实，只能以附属或补充等不稳定的形式，依托常规业务工作的方式展开。这种"隔靴搔痒"的保护格局不仅难以引发社会的关注与重视，而且不利于整个东巴古籍文献遗产保护事业的健康发展，不利于记忆遗产保护体系的构建。

（六）针对记忆遗产保护的在职培训不足且人才培养机制落后

据调研，东巴古籍文献遗产保护主体中，专业保护技术人员极度匮乏，工作人员专业化程度低。尽管外派在职培训时学习了先进的古籍保护技术方法，但限于实际工作场所的软硬件条件，学毕归来后的技术人员也难以将所学付诸实施。现阶段，保护技术在职培训多以载体和内容而非遗产类型为划分标准，这与实际工作中保护对象复杂的划分标准不符。国内或省内默认的统一化培训准入门槛，以及参加培训人员水平参差不齐等现实，更加剧了宏观在职培训与具体东巴古籍文献保护技术之间难以匹配的尴尬局面。此外，人才培养机制落后也影响到东巴古籍文献遗产保护事业的可持续发展。无论是遗产保护的专业教育还是传承人培育，都存在体系不全、机制落后的问题。高校专业教育中尚未设立遗产保护的基础教育课程，更谈不上专业人才的规模化培养，而传承人认证与管理制度、"传—帮—带"培育模式以及传承事业顶层设计等培养机制也存在诸多与现实不相称的问题。如此种种，致使保护主体内部的专业性无法实现，遗产知识也难以在保护中流转起来。

综上，东巴古籍文献遗产保护管理落后与体制僵化的局面，制约了保护实践的生态化运转，以及保护事业外部环境的构建。记忆遗产知识的保护实践得不到社会需求土壤的滋养与培育，而这些文献遗产长期以未经加工的原始化状态停滞于质变环境之外，既服务不了实践，又推动不了发展。

三　记忆遗产保护意识不足

（一）民众的记忆遗产价值观有偏差

鉴于意识决定态度而态度又能影响工作效率的辩证规律，本书认为，树立正确的遗产价值观将是决定保护意识、态度以及工作效率的关键。东巴古籍文献遗产的狭义遗产价值观，可包括对这项记忆遗产范畴的理解、对保护措施的挑选与甄别、对保护目的的科学理解以及实现保护目的的途径分析等，东巴古籍文献遗产价值观偏差将直接导致遗产保护意识不足，并进而导致遗产保护实践中出现诸多连锁问题。无论是理论研究还是实践工作，遗产价值观存在偏差的例子屡见不鲜，如东巴古籍文献遗产保护对象的范围与方式，仍局限于对入选记忆名录的经书开展基础性抢救式保管，缺乏从全方位整体视角去看待经书的社会文化价值。事实上，与其说静态化的东巴古籍文献是需要保护的纳西族记忆，不如说由此串联起来的动态化完整的纳西族传统社会生活场景，才是真正需要被记住、保护、认同并传承的。

（二）民众的记忆遗产利用需求未被重视

长期以来，东巴古籍文献遗产保护事业的开展，都处于官方资源唱独角戏的状态，对民间资源的忽视造成了巨大的社会资源浪费。以官方视角单方面设计这项记忆遗产保护策略的工作方式，制约了受众参与的规模，记忆遗产是属于全社会的历史文化财富，对于锁在库房里未经加工开发的静态东巴古籍文献遗产而言，除了极少数的专业受众能够利用之外，绝大部分的遗产在静置的状态下无法为社会重温历史记忆、增强民族文化凝聚力以及提升民族文化软实力等更广阔的目标所用。反观实际生活，无论是普通民众的兴趣爱好，还是保护主体工作人员的知识普及，抑或是专业人士的研究利用，都表现出社会受众对东巴古籍文献遗产反映的社会记忆认知、保护与共享的强烈需求。可见，这项记忆遗产一成不变的既往保护模式存在较为严重的缺陷。本书认为，将官方角度的"提供"与社会受众角度的"需求"进行耦合，是促成东巴古籍文献保护意识升级与推进工作方式跨越式发展之本。

综上，东巴古籍文献遗产保护意识的树立与强化，是实现记忆遗产保护事业内部业务主体的专业性，以及提升外部社会公众的参与度之本，若非通过理性的遗产保护意识指导工作模式的转变，遗产内部蕴含的大量隐性知识的静止状态将难以被打破，东巴古籍文献遗产墨守成规的保护局面，将越不适应时代发展所需，越发降低社会对遗产保护的期望。

四 记忆遗产保护业务生态失衡

（一）记忆遗产保护主体内部业务小生态圈尚未形成规模

东巴古籍文献遗产因历史收集、行政分配等原因而形成今日较分散的收藏格局，导致各个保护主体既往开展的保护实践工作循环而成一个个相对封闭孤立的业务生态体系。在这个狭窄的业务生态圈中，各保护主体内部业务开展的意识与态度、人员协同合作的程度，直接影响该主体内部东巴古籍文献遗产保护业务的开展。从本书调研情况来看，丽江地区除东巴文化研究院是东巴古籍文献遗产收藏与研究的专业性机构外，这项记忆遗产在其余保护主体内部均处于特色或从属地位，与此相关的保护实践也仅是保护主体的临时性工作。此外，各保护主体对于东巴古籍文献遗产保护开展的支持力度存在较大差异，因此，现阶段只有个别几家建立过常规业务合作基础的保护主体之间，能够形成小规模的业务生态运转。以这项记忆遗产为核心的保护工作，在各保护主体之间串联并建立资源共享型的业务关联尚属空白。可见，东巴古籍文献保护主体内部业务小生态圈尚未形成规模。

（二）记忆遗产保护事业外部大生态圈构建失衡

以东巴古籍文献遗产保护主体业务生态圈为基础，扩展至与遗产保护事业相关的各项社会资源范畴内，便可组成记忆遗产保护事业的大生态圈。但现阶段东巴古籍文献遗产基层保护主体内部的业务专业度整体偏低，加之外部环境尚未实现与内部业务一致的协同发展步调，致使很多针对东巴古籍文献遗产的保护工作，诸如信息资源服务、文化艺术展演以及应急预警等业务，始终无法与其他行业构筑协同联合机制，以致这项记忆遗产大量有价值的文化资源被埋没，不仅增加了东巴古籍文献遗产保护融入社会文化事业发展大业务生态圈的难度,更阻碍了遗产保护事业生态圈的健康循环。

(三) 记忆遗产保护业务生态运行存在短板

东巴古籍文献遗产保护事业尚未形成一个体系化的业务生态圈,本书认为,主要在于三个方面的保护业务运行存在短板。首先,保护陷于封闭状态导致保护生态运行环境不佳。多年来,东巴古籍文献遗产保护主体的业务开展大多墨守在狭窄的圈子内,没有审时度势提升至世界级遗产保护和社会关注的高度,制约了自身保护事业的发展,致使记忆遗产保护业务生态运行环境缺乏土壤。其次,保护工作缺乏服务意识与市场运作手段,导致保护生态运行方式陈旧。与东巴古籍文献遗产主题有关的保护工作,缺乏与时俱进的社会需求分析与判断,传统利用服务只能通过沿用至今的基础性编目与传统式陈列等静态手段来被动实现,这种未引入市场运作理念的业务开展方式,与社会文化事业主流业务发展趋势之间的差距越拉越大,致使东巴古籍文献遗产保护业务的内部生态圈游离于社会主流之外,从而加剧了社会的漠视。最后,保护主体对于东巴古籍文献遗产的定位存在争议,导致保护生态运行资源储备不足。目前,东巴古籍文献遗产的绝大部分保护主体对于这项记忆遗产库藏品的定位是特色化馆藏资源之一,而对大部分基层保护主体基于现有特色与主流业务的保护比重而言,东巴古籍文献遗产的库藏量与所获的保护资源将长期处于失衡的状态,极不利于这项记忆遗产保护的长期稳定发展。

综上,东巴古籍文献遗产保护主体业务生态圈的构建与发展,可提升现有的保护效率,实现保护主体内部业务运转平衡,将有利于整合各类社会资源,共同为记忆遗产保护事业服务。打通各个业务环节的东巴古籍文献遗产保护体系,也能发挥记忆遗产知识管理的平台作用,改变遗产知识孤立的局面,实现遗产知识由隐性向显性的转换,从而为社会各界提供更全面系统的记忆遗产信息资源利用与服务。

第三节　研究对象保护现存问题原因分析

本书从保护研究、实践、意识和业务四个方面，对东巴古籍文献遗产实际存在的问题进行了系统梳理。从上述内容可知，这项记忆遗产现存需改进完善的问题，几乎涵盖了保护工作过程中的各个环节，但由于受各家保护主体自身的客观条件，以及各项问题产生、形成、使用、开展、发挥作用背景、角度、范围等因素的影响，这些问题无法在短时期内全面解决。本书认为，在尊重记忆遗产保护实践实施步骤的基础上，抓住现存问题中的主要矛盾，并集中分析与解决，是当前面对记忆遗产保护资源紧缺的前提下，东巴古籍文献遗产保护水平实现质性飞跃的关键所在。

从东巴古籍文献遗产保护理论研究前期成果的结论可知，依研究内容视角与保护实践事实看，收藏并从事这项记忆遗产保护工作的实践主体多且分散，从研究学科视角看，研究主体所属的学科门类与专业背景涉及面甚广。此前，东巴古籍文献遗产保护基调未确定，以致各方保护思路不统一，拉低了整体水平。其实，东巴古籍文献遗产保护现行的"各唱各家"的形式无须彻底推翻或否定，而应该善加整合，在置于"大合唱"的基础上，通过合理引导与分工，实现效率的实际提升。然而，一方面是多学科知识与跨专业实践经验整合的保护基调至今尚未确定，另一方面是长期以来实践中已产生太多非技术性的难题。在寻求技术保护的过程中，围绕整合管理促进保护的共识也越来越得到认可。鉴于运用几项具体的整合手段介入东巴古籍文献遗产整体保护，容易出现新的矛盾，从头梳理整合思路，统一各参与方的意见，掌握各参与方的优势资源，为保护方向定好调，保护准备阶段的任务才算完成。真正的保护实践活动才能冲破保护主体之间互相牵制、互不关注的发展困局。

基于此，本书将针对东巴古籍文献遗产的根源问题，根据保护事业实施的"资源建设—保护管理—信息服务"顺序铺设三个阶段进行分析。

一 东巴古籍文献遗产保护事业资源建设阶段：家底不清

从理论研究者与保护实践者之间存在较大错位、研究对象范畴认识不清，以及现行保护体制僵化以至于物权归属不明、协同合作不足等表征来看，东巴古籍文献遗产保护事业缺乏统一的顶层设计、家底不清，导致各方分工不均、效率低下。

现阶段出现的诸多理论突破不足与实践执行难题，究其原因，仍在于东巴古籍文献遗产保护事业的准备工作尚未做足。换言之，在保护记忆遗产的过程中，各收藏方除了对自家范围内的业务如数家珍外，并不熟悉其他机构业务开展的情况。由此，极易造成记忆遗产保护各方相互不理解的壁障。然而，对于记忆遗产保护体制外的社会公众而言，他们通常会将这些事实上分散的各收藏方视为一个整体。当前，保护事业资源建设阶段存在的本质问题，就是保护事业体系内各方互不清楚，甚至互不在意彼此的存在，以致东巴古籍文献遗产保护事业整体性家底不清。

（一）东巴古籍文献遗产保护主体布局不清，导致保护资源长期得不到合理分配

东巴古籍文献遗产的保护主体与其他文化遗产类对象相似，受到历史时代背景、上层决策思路、部门机构业务职能设置、调整或分化以及原始形成状态等多方面的影响，涉及东巴古籍文献遗产保护的主体数量众多，所属行业或领域跨度较大，保护主体总体布局不清。事实上，保护主体布局是东巴古籍文献遗产保护开展的基石之一，决定后续保护执行工作中人财物各项资源能否及时到位等重要问题。然而，东巴古籍文献遗产保护主体布局长期未能得到精心梳理，由此，保护主体数量、质量与遗产保护水平始终无法形成辩证统一的关系，因而导致东巴古籍文献遗产保护资源分配不均匀，严重制约了保护实践阶段的工作效率。

（二）东巴古籍文献遗产保护客体范畴与数量不清，导致理论研究与抢救执行步履蹒跚

东巴古籍文献遗产保护客体范畴与理论研究相互影响，互为制约。保护客体的范畴在记忆遗产保护工作中尚未明确，留白之处为理论研究提供了思考的素材。随着理论界对档案社会记忆观、口述记忆史、遗产保护空壳化等主题的深入研究，东巴古籍文献遗产保护客体的模糊范畴，给后续抢救执行工作带来了较大的负面影响，由此，更加凸显了重新梳理与明确记忆遗产保护客体范围的重要性、必要性以及迫切性。对保护客体范畴的明确把握，是遗产保护工作沿着正确轨道发展的开端。范畴的划定也可为保护对象数量的普查提供依据，为之后的理论研究打开更广阔的视野，为抢救执行方式提供更合理的选择。

二 东巴古籍文献遗产保护事业保护实践阶段：分工不均

从东巴古籍文献遗产保护现存在的问题来看，保护研究成果缺乏互相借鉴与整合、以技术为主导的记忆遗产保护研究不足、保护法律粗放且针对性不强、保护实践缺乏对应的标准化指导、保护管理制度建设松懈且开展动力不足、遗产类对象在职培训不足且人才培养落后，以及东巴古籍文献遗产保护主体业务生态失衡等方面的表现，均透过记忆遗产保护实践在执行过程中凸显出来。东巴古籍文献遗产保护的家底不清，导致保护实践缺乏前瞻性的指导与明晰化的执行方针，致使大量实质性保护工作被迫大绕弯路。在此，执行阶段的分工不均，是困扰与阻碍记忆遗产总体保护效率与水平提升的关键因素。

（一）东巴古籍文献遗产保护理论研究成果深度不够

理论研究深度不够导致实践活动缺乏执行依据与参照。东巴古籍文献遗产保护实践中存在的一些诸如理论研究与保护实践错位、保护体制僵化、物权归属不明等固有问题，在理论研究中均能被一针见血地指出并加以分析。然而，实践却不为所动，依然如故。归根结底，理论分析不够深入，

研究停留于表面，未能下潜至本质，是实践活动执行时无法直接采纳这些研究成果的原因。东巴古籍文献遗产保护理论研究的纵向进展不力，也直接影响了横向研究的系统扩展。研究视野的狭窄制约了理论研究的高度，阻碍了对东巴古籍文献遗产保护对象形成时代、载体形式、形成主体、形成原因、形成内容的认识，进而影响了对东巴古籍文献遗产保护主体组成原因、内部生态、外部业务协作、资源重叠与优化配置的分析，最终模糊了对东巴古籍文献遗产保护理念与目的的定位。缺乏深入系统论证的理论，无法为东巴古籍文献遗产保护事业提供完整清晰的理论谱系，以致实践活动执行时往往无所适从。

（二）东巴古籍文献遗产保护业务协作不足

受近年来学界所推崇的遗产保护观影响，与东巴古籍文献遗产保护有关的理论研究，绝大部分是基于宏观视角，研究如何对这项记忆遗产做出更系统全面的资源体系建设、安全体系与利用体系服务等内容。但基于家底不清的前提，这样的宏观研究对实践指导十分有限。反观保护实践，在未能梳理家底之前，日常工作却不能停止，因此，适用的保护技术探索就显得格外重要。然而，立足于理论与实践两个出口的保护诉求与执行内容尚未达成统一，致使围绕东巴古籍文献遗产研究与执行的各项工作开展起来颇为不顺，也直接造成记忆遗产保护事业信息、技术、知识、政策以及业务等各项资源难以在一个相对统一互助的平台上分工协作。

（三）东巴古籍文献遗产保护信息共享不佳

由于东巴古籍文献遗产保护理论研究者与实践工作者之间的错位，双方之间信息传递不畅引发了交流渠道的堵塞。保护实践方发布的一些消息、采取的一些创新措施、制定的一些行业标准，对于东巴古籍文献遗产保护而言均具有积跬步以至千里之用。遗憾的是，现实中这些信息却不易及时为理论研究方所知。同理，基于多学科背景的理论研究成果，也受到受众范围影响，而难以在短时间内为保护实践方所耳闻或目睹。双方的记忆遗产保护信息或成果不对等，缺乏建立在平等共赢平台上的合作机制，导致东巴古籍文献遗产信息共享之路漫漫。其实，东巴古籍文献遗产保护业务协作与信息共享本为辩证统一的整体，共享在前，协作在后，协作为本，共享是解决记忆遗产保护执行过程中分工不均应有的态度。

三 东巴古籍文献遗产保护事业信息使用阶段：认识不清

（一）东巴古籍文献遗产开发利用开展不易

东巴古籍文献遗产保护的最终目标是实现记忆遗产信息资源全社会利用，以便传承民族文化、延续社会记忆。长期以来，这项遗产的保护工作仅限于对实体的初级保管，除了少数面向古籍利用专业研究人员的编撰出版物之外，适合社会普通用户利用的信息开发成果尚未迈出实质性编纂步伐。据连续数年的实地调研，发现影响东巴古籍文献遗产开发利用整体水平的根本因素，并不在于资金、人员、设施等软硬件条件的缺乏，事实上，认识不清才是记忆遗产开发利用手段滞后的症结所在。

对东巴古籍文献遗产保护事业及其发展方向总体认识不清，一是导致保护开展基调不清，造成保护主体与客体的具体对象范畴不确定，影响资源建设的实施；二是导致保护理念模糊，造成保护业务合作与资源共享始终无法落实，影响保护实践的开展；三是导致保护目的难统一，造成基层保护业务形态与上级设计规划之间的鸿沟，影响保护利用的实现。进而反过来制约记忆遗产整体的保护水平提升。

对东巴古籍文献遗产信息是否需要使用，并且如何使用的认识不清，已经为实际工作带来了深重的负面干扰，本书所到访过的诸多开展保护工作的主体，几乎无一例外尚未涉及开发利用。相对于东巴古籍文献遗产顶层设计对开发利用环节的日趋重视，涉及记忆遗产具体保护的各个基层主体推动本工作环节实施的现实阻力很大。由于认识不清，开发利用工作对于工作人员而言，是一项额外的业务负担。工作人员进而产生抵触心理与消极态度，形成应付了事的工作作风，使得保护流于形式。因此，从认识与资源的整合与协作开始，着眼于对帮助基层保护主体解决具体困难的工作出发，为开发利用的实施创造良好互助的外部环境，东巴古籍文献保护事业的信息自然而然能逐渐为社会所知、所需、所得、所用。

（二）东巴古籍文献遗产信息知识流动乏力

东巴古籍文献遗产如同其他文化遗产类对象一样，其保护的最终目的并不在于抓住抢救与保管单方面的工作不放，真正活态化的保护更应该关注后保管阶段的信息开发利用，争取将封闭的实体保管与信息服务利用两条通道打通。然而，鉴于东巴古籍文献遗产保护存在的各种与认识相关的现状，保护主体与社会公众的遗产保护认识都存在不同程度的缺失。各保护主体认识不足，导致记忆遗产信息主动服务的积极性较低，将遗产信息资源的隐性知识以恰当方式开发的意图，难以借助必要技术予以落实；社会公众认识不足，则导致诸如正确的遗产价值观无法树立、参与记忆遗产保护活动的热情较低、民众的遗产保护自发性反应较慢等现实问题难以解决。现实中，记忆遗产信息资源提供者与利用者的保护意识尚未调至最佳形态，必然引发记忆遗产信息服务内容与实际需求不吻合。以隐性知识作为记忆遗产信息传播的方式，难以被社会接受。东巴古籍文献遗产信息服务阶段的意识不明确，极易造成这项记忆遗产信息知识流动停滞，各保护主体探索服务方法与技术的动力不足。供社会公众了解与获取记忆遗产信息资源手段陈旧，则会导致公众参与保护事业热情殆尽，记忆遗产信息资源传播与利用的外推力持续弱小。知识服务的停滞加剧服务与利用双方的互不认同，最终在双方辩证关系影响下，东巴古籍文献保护将始终裹足不前。据此，东巴古籍文献遗产保护信息服务阶段，触发实践工作成败的关键，在于保护意识所反映的记忆遗产知识流动与思想交换能否得到保护主体与社会公众的认可。东巴古籍文献遗产信息资源传播与利用渠道的构建，以及对东巴古籍文献遗产开发与服务，是基于积极的保护意识指导记忆遗产保护实际工作开展的根本。

第三章　研究对象整合性保护依据与思路梳理

记忆遗产保护的本质，在于让更多的人记住这些历史上曾经存在并灿烂过的珍贵文化，增强身份认同，以更为积极的面貌参与遗产保护，弥补公众的记忆缺失。基于东巴古籍文献遗产保护实践分析所得的结论，无论是对现行保护流程、保护技术，还是对信息开发形式而言，从分散走向整合都是实际发展的迫切需求。反观整合性保护的思路与方法，无论从理念、原则，还是技术与路径，都能结合东巴古籍文献遗产保护工作的实际，提供相关工作模式及其运行的案例。基于这些案例，实现东巴古籍文献遗产保护向"科学有效收集、保存与开发记忆遗产信息资源"的目标迈进。

第一节　研究对象整合性保护依据

东巴古籍文献遗产与档案一样，保存是利用的根本，利用是保存的目的。"存"与"用"的辩证统一，直接影响记忆遗产保护的成效与发展，一切保护活动都应当围绕这两个目的展开。东巴古籍文献遗产以整合性保护作为工作思路，不仅可以对"存"施以更全面的资源建构，以及更先进的管理理念与尖端技术，还能对"用"予以更多元的数字资源建设，以及更完整的记忆遗产信息服务。

考虑到目前东巴古籍文献遗产保护存在的若干问题及其深层次的原因，保护的长效化发展，应该尊重与顺应记忆遗产内外需求与建设的契合化走向。重视协同发展的关系，对于指导研究对象整合各项保护资源，开展和谐的保护业务至关重要。

本书将从研究对象保护现状分析所得的工作需求，以及整合性保护思路能为研究对象信息资源"存"与"用"提供保障两个方面，分别论述研究对象整合性保护开展的依据。

一 研究对象实际的保护需求

（一）研究对象保护需要内涵与流程的升级

东巴古籍文献遗产保护由于理论研究的视角问题，以及实践工作的业务布点问题，前期成果大多基于相对狭窄、具体的范畴就事论事，缺乏全局观和系统意识。涉及这项记忆遗产保护的各方应当摆脱"不识庐山真面目，只缘身在此山中"的局限。

对于遗产类对象而言，保护绝不仅限于开展针对性抢救这一项技术类工作。鉴于文化类遗产牵涉多个部门，是亟待传承的保护对象的现状，实践过程中成败关键往往在于非技术性因素，而这部分因素又最不易把握与控制，但又是最需要着力引导与管理的。因此，东巴古籍文献遗产保护应充分兼顾技术与非技术业务的内涵升级，从开展好一个具体的保护实践环节，升级为对记忆遗产资源建设、保护管理与信息服务整合后的业务流程加以运转。

东巴古籍文献遗产分散于官方机构与民间，对于民间保管的那部分遗产而言，除了传承人收藏的遗产得到一定范围与程度的再利用抄录外，其余大部分处于静态贮藏的半休眠状态，实际上，这些遗产从源头上就注定无法顺利走完既定的"生命流程"。对于官方机构保管的那部分遗产而言，由于保存部门条件差异较大，遗产资源建设、保护管理与信息服务的推进也千差万别、快慢不一。由此，东巴古籍文献遗产保护还未按照业务流程走完一个"生命周期"，其间产生的各类信息闲置与资源浪费就让遗产过早过多出现损耗。

因此，无论是东巴古籍文献遗产的保护内涵，还是保护流程，现实的发展均需要升级，而升级的本质在于资源的整合。

（二）研究对象保护需要业务与技术的协同

东巴古籍文献遗产三个阶段的保护流程需要升级，资源建设通过协同，搭建记忆遗产保护资源优化的平台，以便做好基础准备；保护管理通过协同，以成本与产出最有效的比例，消除短板、巩固优势，以便执行具体操作；信息服务通过协同，实现记忆遗产信息为人所知，资源为人所享，记忆为人所念，以使知识资源显性化并达到身份认同之效果。

东巴古籍文献遗产保护的协同，离不开每一项业务与技术的微观整合。东巴古籍文献遗产资源建设阶段需要群策群力，涉及业务关联的部门、机构，以及相关保存的记忆遗产资源，应该达成记忆遗产保护"大合唱"的理论与实践共识，并组织设计好"摸清家底"的工作；保护管理阶段需要合作互助，各保护主体应该按照"家底"资源建设与配置的设计，执行合理的保护分工，并协作共享管理好各项微观的保护工作；信息服务阶段需要多方联络，保护主体应该重视社会各界的遗产信息需求，并通过合理有效的传播途径，促进记忆遗产信息资源隐性知识显性化的转变，实现记忆遗产资源服务社会、传承记忆的利用目标。

（三）研究对象保护需要信息类型的转化

社会各界的需求因所处时代、查找立场、使用目的、文化背景、兴趣爱好等而始终处于多变的状态，但无论需求如何千变万化，唯一守恒的是对知识形态标准的一致要求，即记忆遗产需要根植于隐性知识显性化之路，方可确保信息资源的广泛传递与扩散。

当前，东巴古籍文献遗产从资源建设阶段的准备工作，通向保护管理阶段，甚至信息服务阶段的实践工作，几乎处于一个相对封闭的业务环境中。其中用于表达信息、传递思想的业务术语，对于社会公众而言过于抽象和专业，易造成记忆遗产保护死板化、程式化、无趣化的总体印象。这种被误解若不善加引导，将对东巴古籍文献保护发展产生巨大的负面影响。现阶段，记忆遗产知识形态承载及反映过于专业、复杂的信息类型，显然与社会各界普遍寻求的便利，且直观易懂的信息需求背道而驰。

由此，东巴古籍文献遗产隐性知识，须在经历显性化的转变之后，才能真正为社会各界所使用。将保护工作的指导理念、理论研究、实践开展方向与社会需求挂钩。以整合的思路指导记忆遗产信息类型的转化，寻找适应全社会的记忆遗产信息传播途径，以及提供服务的技术方法。确保东巴古籍文献遗产隐性知识的显性化转变和流动，是促进保护工作主动融入社会文化事业实践的常态措施，是实现记忆遗产保护事业生态循环的根本手段。

二 整合性保护提供的保障

整合，是一个广泛的概念，泛指把一些零散的东西通过某种方式彼此衔接，从而实现信息系统的资源共享与协同工作。其主要的精髓在于将零散的要素组合在一起，最终形成有效率有价值的整体。整合是一种手段，可以运用于社会生产生活各方面以实现资源集约与信息共享。

近十年来，学界与业界对于整合性工作思路运用于记忆遗产的研究与实践日益深入。整合性保护被学界运用于遗产文化与技术的耦合中，如同济大学学科团队自20世纪便在"城乡建成遗产"[1]领域开启探索研究，基于文化与技术整合的视角，开辟新领域，引领新方向，创办新专业，构建新平台，建成了遗产保护及传承型人才培养体系。十余年来，城乡建成遗产保护及传承教学实践成果在国内外得到了广泛认可，极大地推动了我国的建成遗产保护事业的发展。[2]

整合性保护被学界运用于遗产数字化信息国际共享平台的建设中，如由北京信息科技大学、北京东巴文化艺术发展促进会、丽江市东巴文化研究院与迪庆州纳西文化学会于2013年1月联合申报立项的国家社会科学基金重大项目"'世界记忆遗产'东巴经典传承体系数字化国际共享平台建设研究"，该项目充分发挥整合性理念，从研究团队构建、研究方式，到研究对象、研究成果，无不体现整合贯穿始终。该项目由文理工学科背景的团

---

[1] 建成遗产指的是建筑、城市和景观等以建造方式形成的文化遗产。
[2] 基于文化与技术整合的城乡建成遗产保护及传承型人才培养体系，http://jxcg.tongji.edu.cn/kecheng/1804/index.php?classid=11560。

队构成，有利于在跨学科研究方向开展多方位、多知识层次的专业人员相互协作研究，项目通过多学科知识融合，在构建东巴经典数字化国际共享平台的基础上，保护、传承并在世界范围内共享这一珍贵的人类文化遗产。研究过程中，该项目取得的系列学术研究成果也为整合性保护运用于记忆遗产保护研究与实践提供了不少有益的借鉴。

整合性保护被业界运用于遗产宏观保护生态圈的构建与运行中，如2007年6月，我国第一个国家级文化生态保护实验区——闽南文化生态保护实验区设立。其保护理念就是基于整合性保护，对文化遗产保护涉及的各项业务进行改造与升级，将节点打通，实现生态化保护圈。该保护实验区的成立，标志着我国非遗的区域性整体保护之路正式铺设。截至目前，文化部已批准设立晋中、徽州、热贡、羌族等21个国家级文化生态保护实验区，涉及福建、安徽、江西、青海、四川等17个省区市。

整合性保护被业界运用于遗产微观保护业务的开展中，如山西省自2015年启动了"乡村文化记忆工程"项目，旨在发掘乡村文化资源加以保护和利用，为新农村建设留下明确的历史记忆。围绕这个项目，山西省各市县基于整合性保护理念，从"家底资源的保护""试行、完善与推广""破解农村文化站'空壳化'"三个方面分别展开了建设与攻关。在完善公共文化服务体系，丰富农村精神文化生活方面取得了实效。

以上只是整合思路运用于学界和业界的几个典型案例，随着文化遗产与社会记忆在全社会关注度的普遍提高，围绕其保护、传承与延续的理论研究与实践探索也在不断突破。无论借助哪个学科的专业知识，抑或是以哪种技术为先导，现实的经验与研究的前瞻均指向同一个结论，即当前与今后很长一段时间内，整合是记忆遗产保护的选择与出路，而保护效率与传承成效的高低，则与整合保护的协同深度与广度有直接关系。

东巴古籍文献遗产保护的核心在于"存"与"用"。而客观现实中，散存的记忆遗产决定了保护主体各自为政的保护手段，这样的现实并不利于记忆遗产及其资源的长期保护。鉴于实际条件——集中东巴古籍文献遗产实体并不可行也不可取，本书认为，东巴古籍文献遗产整合性保护应以信息资源开发共享为本，以实体保护为辅。基于此，在整合性保护模式的驱动下,实现"东巴古籍文献遗产"和"东巴古籍文献遗产信息资源保护体系"的知识耦合。

第二节 研究对象整合性保护思路梳理

通过对理论研究与实践经验的分析,本书明确了把整合性保护作为东巴古籍文献遗产保护的研究定位。结合记忆遗产客观保护事实,本节将从内涵、范围、内容、特点、条件五个方面,对东巴古籍文献遗产整合性保护开展的思路进行系统论证。

一 内涵

本书认为,东巴古籍文献遗产整合性保护,是指借助整合性思路与原则,对由静态化东巴古籍文献及其动态化东巴文化的各种载体档案记录组合而成的记忆遗产研究对象,开展以遗产资源建设、保护管理与信息服务为范围,横跨保护主体、客体、保障、理论、实践、目的、服务对象、利用目的、运营方式与服务方式的体系化保护。

其中,整合性保护运用于东巴古籍文献遗产的方式,将通过一个连贯资源建设、保护管理与信息服务三个业务阶段的方案予以展现。而此方案的可行性分析将在结合实际保护状况的前提下,借助一套模式加以案例运行实证演绎。

二 范围

本书将东巴古籍文献遗产整合性保护架构于资源建设、保护管理与信息服务三位一体的平台上进行可视化设计,如图3-1所示。

围绕于此,开展东巴古籍文献遗产实体的优化与信息的整合,借助整合性思路与原则,将这项记忆遗产保护平台中的保护准备、保护实践、保护体验和信息知识予以协同,组成一个立体的保护系统,驱动记忆遗产知识的流转,推动保护业务生态的运转,实现遗产信息的共享、传承与延续。

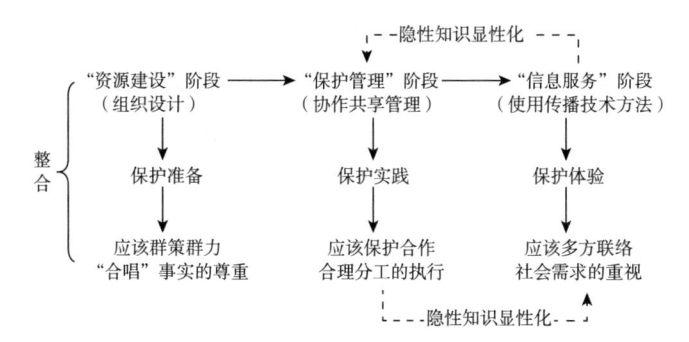

第三章 研究对象整合性保护依据与思路梳理 ‖ 063

图 3-1 东巴古籍文献遗产保护范围整合性思路

根据东巴古籍文献遗产保护范围整合性思路，本研究对象的整合性保护范围及其具体策略框架可以设计成如图 3-2 所示的框架。

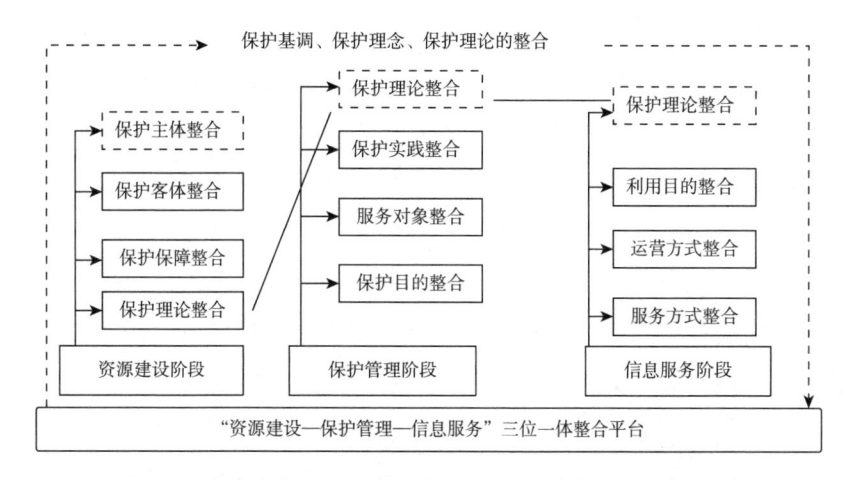

图 3-2 东巴古籍文献遗产整合性保护范围及其具体策略框架

首先，搭建于一个设有保护三阶段的整合平台，即东巴古籍文献遗产资源建设、保护管理与信息服务三个阶段整合形成的保护平台。此平台包括整合性保护基调的树立、保护理念的统一以及保护理论的辨析三个部分，作为贯穿东巴古籍文献遗产整合性保护全过程的基础理论支柱，支撑与指导各个阶段的实践工作；其次，开展保护对象的整合性资源建设，即东巴古籍文献遗产整合性保护实施前的资源准备。可包括整合性保护主体的归类、保护客体的划定与保护保障的论证；再次，开展保护对象的整合性保护管理，即东巴古籍文献遗产整合性保护实施中的具体部署。可包括整合性保护实践的分析、保护目的与服务对象的确立；最后，开展保护对象的整合性信息服务，即东巴古籍文献遗产整合性保护实施中的手段保障与实施后的利用途径。可包括保护系统整合性利用目的的归纳、系统运营方式的优化提升以及服务方式的选取。

三 内容

（一）研究对象保护平台的整合

1. 东巴古籍文献遗产保护基调的整合

东巴古籍文献遗产保护是一项世界级遗产保护工程，为确保这项工作在各保护阶段、各保护主体之间平衡与稳定发展，各项业务应该确立统一的保护基调。学术界现有最新的研究理论以及实践部门常用的操作经验亟须打破隔绝、互通互补。已有的理论成果应当开展必要的多学科理论交融，实现记忆遗产保护知识与实践所需精准化对接。已有的实践成果也应该通过相互宣传与交流，实现经验共享，避免在工作中走弯路。由此，对多学科理论知识和跨专业实践经验进行整合的保护基调，可以视为记忆遗产保护理论与实践整合的方向与步调，为后续保护工作的思想与行动打好基本功，将参与记忆遗产保护的各方凝聚起来，拧成一股绳。

2. 东巴古籍文献遗产保护理念的整合

东巴古籍文献遗产保护在强调抢救保护时效性的同时，还应兼具记忆遗产信息资源开发与使用的长远发展眼光。记忆遗产保护根本目的除了通过抢救式保护，最大限度延长其物理寿命之外，更在于借助开发式保护延续其逻辑寿命，运用记忆遗产重塑社会记忆，服务于民，实现"前人栽树，后人乘凉"的奉献心愿。鉴于基层保护主体的主客观条件，东巴古籍文献遗产保护实践中存在很多放任自流的工作缺憾，总体水平较低的保护现状与记忆遗产整合性保护理念的缺失不无关系。对于东巴古籍文献遗产而言，保护理念的确定有助于选择最适用的实践方案。抢救式保护与开发式保护都是记忆遗产保护之路上有益的实践方式,基于东巴古籍文献遗产对于少数民族身份认同、民族文化传承与社会记忆延续的定位,抢救式保护与开发式保护两种方式整合的保护理念,是尊重社会记忆缘起与归宿的最直接体现。

3. 东巴古籍文献遗产保护理论的整合

东巴古籍文献遗产保护实践困顿,以致难以产生实质性、跨越性发展的现状,亟须体系化的理论进行指导与规划。记忆遗产内涵与外延的多维层次,为保护理论研究提供源源不断的素材,已知的理论成果涉及对东巴古籍文献遗产载体、文献内容、遗产内容以及功能价值等多个领域的研究,从东巴古籍文献遗产手工纸的寿命、保管的安全、应急保护的构建,到遗产的开发利用价值以及社会需求等主题,基于文学、史学、文献学、艺术学、哲学、化学等不同学科的分析论证,都对应记忆遗产保护三个阶段中存在的具体问题,是记忆遗产保护理论框架内的点滴养分。这些理论成果无论是以不同学科为标准,进行分门别类的实践指导,还是以不同的概念范式为依据,进行模式化设计,都是东巴古籍文献遗产保护所需的理论薪火。为了更好地发挥理论知识应有的指导功能,东巴古籍文献遗产前期的保护理论成果应当及时予以整合,并形成可以指导记忆遗产保护三阶段工作的多学科理论知识库,去粗取精,进行必要的数据挖掘与分析,在整合性保护实施的过程中取其精华并生成新的理论。

(二) 研究对象资源建设阶段的整合

1. 东巴古籍文献遗产保护主体的整合

东巴古籍文献遗产保护之所以为一项系统工程,在于其中每个阶段与环节的操作,都会对保护全局产生程度不一的正面或负面效应。记忆遗产过往的保护探讨往往着眼于对客体对象的研究,其实,发挥潜藏主观能动性的保护主体同样应当予以关注与重视。东巴古籍文献遗产保护主体按不同标准,可形成多种划分方式并引发保护过程中诸多的思考。鉴于保护主体在东巴古籍文献遗产保护各个阶段的功能,记忆遗产的保护管理与保护实践虽然是保护主体工作的不同阶段,但两类工作对于整个记忆遗产保护而言重要性却是一样的。基于记忆遗产生成与保管分离的格局,东巴古籍文献形成主体的原生性、草根性与收藏主体的人为性、专业性,致使整个保护体系中存在不少业务发展不平衡的态势;基于记忆遗产收藏主体的不同类型,记忆遗产官方主体制度性的保护与民间主体自发性的保护,虽然在形式方面有所不同,但都在不遗余力地为东巴古籍文献遗产保护添砖加瓦;基于保护实践开展的规范程度,记忆遗产专业主体有组织开展的保护工作与非专业主体随习惯风俗采用的保护活动,均为东巴古籍文献遗产及其东巴文化精髓、多元民族记忆的百年延续"积跬步以至千里"。综上,对东巴古籍文献遗产保护主体、客体进行必要整合,可将与之相关的经验、知识、资源集中起来,更好地服务于记忆遗产保护业务生态系统的运转。

2. 东巴古籍文献遗产保护客体的整合

结合形成方式与使用场合等因素,东巴古籍文献遗产的保护客体不应止于官方收藏的记忆遗产这一项。从遗产来源来看,官方收藏与散存民间的东巴古籍文献遗产均产生并形成于纳西族"乡土"社会的信仰活动,二者具有同等重要的"存"与"用"价值;从遗产内容来看,用东巴象形文字书写而成、供东巴各类祭祀活动使用的古籍文献是显性的保护客体。用东巴象形文字书写并充分反映纳西族社会活动的其他非祭祀类古籍文献,同样属于纳西族东巴文化记忆,甚至从某些古籍中能整理出关于东巴文化的完整记录。因此,二者均可被认定为保护客体;从遗产信息类型来看,以东巴手工纸为基本载体的文本类记忆遗产,是保护客体的主要组成部分。东巴为完成祭祀或文化传播活动而或绘制或雕刻的木质、布质、石质等的手工品,东巴使用东巴古籍文献的唱诵场景等,经过数字化技术转录形成的图像、音频、视频,甚至动画类型的东巴文化类记录,都可通过建档方式形成不同种类的东巴文档案。为组成这项世界级记忆遗产信息完整的兼具原生性与凭证性的各类载体材料,均可视为对东巴古籍文献遗产保护客体的有益补充。因此,对遗产信息类型、遗产来源以及内容进行整合,便于将最全面的保护客体囊括于东巴古籍文献遗产保护业务生态系统,有利于保护事业的完整性。

3. 东巴古籍文献遗产运作保障的整合

东巴古籍文献遗产保护业务生态系统的运行，除了对资源建设前期的思想意识和工作范围、目标等框架性内容予以明确之外，还要对几个涉及运作过程流畅度的保障性要素提前做好设计与规划。东巴古籍文献遗产保护需要标准化建设，以便提高各类遗产保护客体的兼容性与规范性，为保护系统的运行做好统一化信息数据准备；东巴古籍文献遗产保护需要制度建设，以便巩固各背景遗产保护主体的同步性与合作性，为保护事业各阶段提供稳定的信息共享服务；东巴古籍文献遗产保护需要专项经费投入，以便实现遗产保护中各项具体实践工作开展的长效性与积极性，为改善保护事业主客观条件与增强遗产竞争力搭建制度化的投入保障；东巴古籍文献遗产保护需要规范化管理，以便打通保护事业各阶段关卡而实现工作的平顺衔接，为管理记忆遗产保护业务生态系统积累规划性的实践经验；东巴古籍文献遗产保护需要进行信息资源安全维护，"三位一体"整合平台的运转，有赖于记忆遗产信息资源的安全。除了对部分涉密的遗产内容进行保密处理之外，面向全社会的遗产信息不仅应该内容翔实、体例准确，基于数据转化后统一格式保管的信息数据还需要定期维护，以便延长信息资源使用寿命。东巴古籍文献遗产保护是一项复杂的实践，其中涉及保障的因素很多，抓住以上最主要、最基本的五个因素，对标准化建设、制度建设、经费投入建设、规范管理建设与信息资源安全维护建设进行全面整合，记忆遗产保护业务生态系统获得更顺畅运转的可能性将大幅提升。

（三）研究对象保护管理阶段的整合

1. 东巴古籍文献遗产保护实践的整合

东巴古籍文献遗产保护实践工作始于保护技术在记忆遗产工作中的运用，这一狭义范畴的保护工作围绕保护客体展开，并就保护对象物质载体寿命的延长、保管环境的调试、破损文献的修复等内容进行专业性技术支持。影响东巴古籍文献遗产保护效率的因素除了技术之外，还需要充分考虑直接或间接作用于遗产保护的政策、意识、制度、经费、教育等各环节非技术性因素，故记忆遗产保护实践的研究逐渐由技术主导转化为以管理为主导的范畴。基于此，东巴古籍文献遗产保护实践的顺利开展，需要做好以管理为主导的顶层设计，并根据保护过程中的各类具体问题，以技术为主导进行针对性解决。因此，东巴古籍文献遗产保护实践的整合，应将宏观管理主导与微观技术主导的实践最充分结合起来。

2. 东巴古籍文献遗产保护目的的整合

东巴古籍文献遗产信息资源需要借助遗产知识显性化的开发手段，并以纳西族共同文化记忆的存在方式，通过各式各样的利用途径传递给广大的社会受众，使遗产及其资源能够长久地延续，发挥各类社会团体的效用。然而，在实际保护中，实现这项记忆遗产社会利用保护目的仍需以做好基础性的实体建设与信息保管为先决条件。鉴于记忆遗产保护是一个动态的过程，遗产保护目的应当在规划设计全盘工作之初就予以明确。为了更高效地开展东巴古籍文献遗产保护工作，保护目的应当进行必要整合，即对东巴古籍文献遗产实体、信息的有效保管与为社会提供多元利用服务进行保护目的的整合。

（四）研究对象信息服务阶段的整合

1. 东巴古籍文献遗产服务对象的整合

东巴古籍文献遗产中大部分内容是用纳西族象形文字书写而成，其记载的内容以写意方式表达，普通大众识读多有不便。如今，能够熟练掌握并运用该文字听、说、读、写的人越来越少，致使这项记忆遗产的开发工作难以开展，而利用更是无法形成规模，导致社会整体使用率很低。东巴古籍文献遗产是由古老的民族文献典籍，传神的社会活动场景组成的社会记忆，这些关于纳西族古老社会方方面面的内容，不仅能满足专业受众的资政服务、科学技术研究、历史凭证参考的常规需求，还能满足社会各界潜在性、拓展性受众的文化传承、休闲利用等多元化需求，还可经过加工整合后为社会管理的顶层设计之用。对于东巴古籍文献遗产本身而言，服务对象的明确，是改变其静默于库房的转机；作为遗产，服务对象的多元化，获得全社会的普遍关注与认可，是实现保护目的的必要之举。因此，东巴古籍文献遗产服务对象应该进行必要的整合，向遗产保护决策管理部门提供信息参考服务，也要兼顾并拓展社会大众的各类社会化信息需求。

2. 东巴古籍文献遗产利用目的的整合

东巴古籍文献遗产保护目的除了维护基础性"存"业务之外，最终需要"还记忆于民"实现遗产的社会化之"用"。现阶段，东巴古籍文献遗产的保护主体主要是通过整理出版汇编成果与借助典籍培养传承人等途径，为社会提供记忆遗产的利用。然而，基于利用者角度的各类社会用户却有更加多元的需求，如同从事科学技术研究工作的人群对记忆遗产有科研数据分析与挖掘的需求一样，社会普通大众对记忆遗产也有了解利用的需求，善加拓展与激发，甚至还能挖掘更多潜在的利用需求。东巴古籍文献遗产利用目的不应按照需求的轻重缓急而区别对待，不同受众基于工作目的、学习目的，甚至娱乐目的所需对记忆遗产展开的利用，都应该得到同样的重视。东巴古籍文献遗产利用目的越多元，开发途径就会越丰富，记忆遗产保护事业的发展就将变得越完善和稳健。因此，利用记忆遗产服务于工作、学习和娱乐等方面的目的应当加以整合，以便促进东巴古籍文献遗产知识成为社会各界共需共享的信息资源。

3. 东巴古籍文献遗产运营方式的整合

东巴古籍文献遗产保护实践通常由官方保护主体来开展并实施，官方主体对于记忆遗产的保护目前多集中于实体保管。现行的信息开发方式以官方收藏主体规划与修编传统古籍汇编、地方史志等专业型出版物为主，这类出版物的开发类型较少、出版发行范围较小、成书体量较大导致价格较高、内容较专业等，造成其服务受众狭窄，记忆遗产服务功能较弱。照此服务模式运行的记忆遗产开发利用，几乎很难与主流的基于不同类型用户画像定制化服务沾边，也甚少涉及与运营相关的事项。然而，事实证明，东巴古籍文献遗产早年所走的保护路径效果并不理想，构建记忆遗产保护业务生态系统，是改变既往工作模式的基础与契机。但仅靠单纯官方公益性质的记忆遗产保护开发方式，难以撑起并维系东巴古籍文献遗产信息服务的运转。基于此，在依照相关遗产保护与开发利用服务法律规范的前提下，将东巴古籍文献遗产保护涉及社会利用服务环节的部分业务划出，并进行市场化运营改革，以增值服务的方式代替传统公益服务的格局，将记忆遗产信息资源以为更多人接受的方式介绍给全社会，盘活记忆遗产保护服务功能。由此，东巴古籍文献遗产运营方式的整合，在于传统公益服务与部分增值服务两种方式共生共存的整合。

4. 东巴古籍文献服务方式的整合

根据东巴古籍文献遗产利用目的与服务对象的整合内容，其服务开发方式也应做出相应的调整。此前，记忆遗产保护的绝大部分工作都是围绕安全保管展开的，服务工作几乎为零，少量借助记忆遗产信息资源开展的社会活动，也仅通过几种最常见的诸如展览、出版译注等传统被动方式呈现于世。这些方式不仅会使东巴古籍文献遗产保护工作丢失大量潜在的社会支持，还会导致遗产保护主体服务业务的开展范围越来越小，甚至产生保护人员的故步自封，从而直接影响记忆遗产保护的整体发展水平与格局。东巴古籍文献遗产保护业务生态系统的构建，为遗产保护过程中各阶段工作实践的整合提供了一体化的平台，经过整合的各项工作，能够通过一以贯通的保护脉络实现效率最优化。因此，基于东巴古籍文献遗产整合性保护的目标与诉求，服务方式在保持专业受众开发的基础上，还应兼顾普通受众，在整合二者不同需求的前提下，实现记忆遗产服务开发的不断创新。

四　特点

相较于零散化的保护而言，东巴古籍文献遗产整合性保护具有保护目标明确、保护过程高效、保护成果多元以及保护模式通用的特点。具体有以下几方面。

（一）保护目标明确，提供服务以充分利用

结合东巴古籍文献遗产保管现状，官方主体对其保护，受到传统行政管理模式的影响，普遍重在"存"；民间主体是记忆遗产扎根发芽的土壤，通过社会记忆的熏陶，以及东巴文化传承活动的推动，对其保护重在"用"。然而，民间主体是一个宏观概念，其中包括了无数散居于各地难以进行精确统计的具体保存主体，将这个范围内所有的主体及其所存的客体纳入东巴古籍文献遗产整合性保护的现实操作困难重重。因此，东巴古籍

文献遗产保护工作需分步骤实施。现阶段的工作仍应集中于官方主体及其所存客体之上。

鉴于官方主体重"存"轻"用",坚持整合性保护"有效保管"与"多元利用"并重的改造现状,东巴古籍文献遗产有望在迁往更符合国家文献保存规范建设的库房之余,获得更多摆放至展览柜陈列室展出的机会,也能借助音频、视频、全息、绘本等多种载体,使信息资源乘着移动终端的共享之翅,结合民间主体在基层展开的系列传承活动,为全社会充分提供多元文化服务。

(二)保护过程高效,重视生态以优化资源

东巴古籍文献遗产在保护客体整合思路的指导下,由东巴古籍文献与东巴文化档案构成,在其宏观管理中,可以借鉴档案管理理论,将保护工作划分为资源建设、保护管理与开发利用加以实施。目前,记忆遗产官方与民间主体的保护尚未形成三阶段整合的工作思路,绝大多数主体的保护工作仅限于单一的"存"或"用",加之各主体之间各自为政,致使大量记忆遗产信息资源被闲置、割裂,这些遗产信息及其与社会记忆之间的联系由于缺乏前期系统的资源建设而无法得到直观体现,在开发服务阶段也就难以获得颇具规模与社会影响力的系列成果。

通过整合,在保护工作中引入三阶段思路,实际上不仅使纷乱无序的保护工作趋于规范,也能促成三阶段之间辩证统一的生态关系。尊重各保护主体实际条件,发挥其所长,打破机构与组织界限,使记忆遗产资源以高效优化形式流通于资源建设、保护管理与开发服务之中。

(三)保护成果多元,运用科技以开发信息

东巴古籍文献遗产保护整体成效较弱,本书认为,最直接的原因在于保护投入与产出的不对等。作为世界级记忆遗产,其保护客体自带吸引人眼球的"光环",但毕竟"光环"下的观众由各种不同教育背景的人群组成。长期以来,东巴古籍文献遗产无论是官方主体出版的编纂成果、展览成果,还是民间主体举行的各类祭祀仪式活动、传承人教学或认定活动,

都是倾向于专业受众而脱离社会主流人群的。

记忆遗产的保护在于全社会共同参与，整合性保护恰恰在借鉴科技运用于商业互联网并且取得巨大成功，以及我国将运用科技全面开启工业互联网构筑平台的前提下，运用新媒体等主流社交介质为传播与共享通道，运用科技手段，以多元成果为信息服务目标，将技术作为记忆遗产信息资源开发的必备手段，引领文化互联网的盛放。

（四）保护模式通用，构建模式以操作简易

东巴古籍文献遗产在不同保护主体中的具体保护方式各有不同，为了完成课题研究、学位论文撰写等学术目的以及开展非遗传承人培养等实践目的，十年来，有很多不同的团队前往记忆遗产官方主体采访调研，其中不乏提出可供利用保护策略的小组。然而，这些策略最终在理论和实践两个方面均未获得推广性进展。究其原因，一方面是保护策略大多是围绕某一个具体的保护主体提出的，没有上升至基于多个保护主体的规律总结；另一方面是保护策略内容对于宏观层面诸如管理或其他保护工作的建议，由于大多属于非技术性建议，若缺乏与其他保护主体之间的生态联系，则策略中的很多建议将无从下手。

记忆遗产整合性保护的思路，是在选取各种类型保护主体代表，并经过连续几年实地调研结论的基础上，结合保护现状与主要矛盾等因素，分析归纳总结的结果。为了构建记忆遗产资源建设、保护管理与信息服务三位一体整合性保护平台以及实现三个阶段各保护业务的整合性运行，本书拟设计一个整合性保护模式，将其置于现行可供推广实践的方案中，以实证分析的形式，通过可视化形式对记忆遗产整合性保护工作进行协同论述。整合性保护模式构建简单，易于在各级保护主体中开展，也可供与记忆遗产相近的文化保护工作者借鉴。

五 条件

东巴古籍文献遗产整合性保护的开展，有赖于内外部条件的准备。本书认为，内部条件可以通过设计一套整合性保护模式予以铺垫，外部条件

则需结合记忆遗产保护的实际情况，以模式运行所需的环境为实证元素，将模式置于案例之内加以运行分析。

（一）内部条件：设计整合性保护模式

1. 研究对象整合性保护模式

参照上述东巴古籍文献遗产整合性保护通过平台构建、资源建设、保护管理与信息服务于一体的实施思路，结合保护现状，东巴古籍文献遗产保护的推进应该在充分尊重现有保护主客体条件与工作格局的前提下进行设计。考虑到现阶段东巴古籍文献遗产保存过于分散的事实，对记忆遗产实体资源进行集中整合保护的方法不具备现实可操作性。基于此，本书认为，东巴古籍文献遗产整合性保护适于围绕记忆遗产信息资源进行设计与构建。

如图 3-3 所示，东巴古籍文献遗产整合性保护模式，自创建基调、理论至实践、操作的整个系统，都以整合的手段贯穿其中，实现各阶段业务之间的生态化运转。在以整合的方式规范记忆遗产保护事业三个阶段具体业务开展所需明确的保护基调、理念、目的与理论之后，整合性保护的实施思路通过构建一个模式，为三个阶段的保护实践提供软硬件兼具的条件保障。

根据东巴古籍文献遗产保护对象的内涵与外延及世界记忆遗产保护目的，保护管理阶段内含的服务对象、保护目的以及保护实践均以遵循整合性原则进行设计，以最恰当与完整的保护客体为范畴，引导后续的遗产保护工作。与此同时，针对记忆遗产保护主体范畴的辨析，能够发挥保护实践部门业务优势资源的优化作用，继而对东巴古籍文献遗产丰富的来源信息资源进行建构，这些遗产随后可以根据内容或主题的差异进行分类整理，并形成类型多样的遗产数据。

在保护管理阶段服务对象与保护目的整合反馈下，多样的记忆遗产数据与多元的信息服务恰好以辩证统一的关系共存并相互促进。至此，基于整合性保护模式的东巴古籍文献遗产信息资源开发利用水平将获得突破性提升。

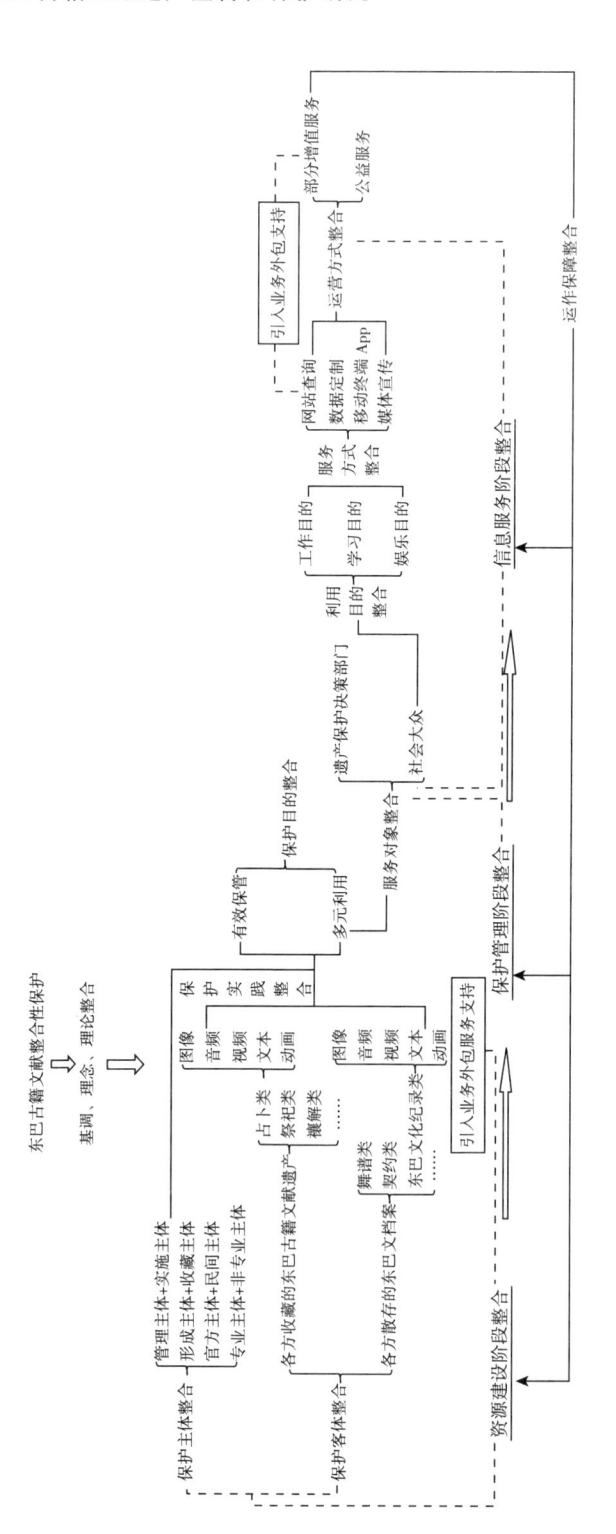

图3-3 东巴古籍文献遗产整合性保护模式

根据保护整体业务的整合性改造要求，记忆遗产保护信息服务阶段的整合，能够确保记忆遗产信息资源最终回馈社会。东巴古籍文献遗产信息资源的提供利用可通过传统服务方式、运营方式与新兴手段的整合，锁定相较于现在更为可行、有效的途径，吸引全社会对记忆遗产的共同关注与广泛参与。

在记忆遗产数据收集、整理、加工直至开发的整个过程中，对遗产保护标准与制度进行规划与建设，在完善遗产保护专项经费投入机制的基础上，严格遵循保护过程的规范化管理，并在东巴古籍文献遗产保护三个阶段整合运转的过程中，对标准化、制度化、经费投入长效化、管理规范化与信息资源安全维护五个环节的工作进行重点建设，使之成为记忆遗产保护模式顺利运作的有力保障。

2. 研究对象整合性保护模式设计要素

对于东巴古籍文献遗产保护而言，构建整合性保护模式是一个创新性的实践思路，这个思路付诸实施的前提，是打造一副从意识更新、制度建立、软硬件条件铺设到模式运行顺序设计的准备框架。由此，隐藏于顶层设计思路、各保护主体协作关系以及记忆遗产信息传统开发方式中，关于东巴古籍文献遗产整合性保护的隐性知识，将通过整合性保护模式的改革，实现显性化转移，以便东巴古籍文献遗产保护范围内涉及业务的各个实践主体更清楚、更明确、更深刻理解整合性保护的内涵，以及政策实施的必要性与紧迫性，树立整合性保护的责任感与使命感。

（1）意识的更新。东巴古籍文献遗产保护构建整合性保护模式的方式与以往的方式不同，在开展之前，需要对记忆遗产的保护意识予以必要统一。本书认为，东巴古籍文献遗产整合性保护模式构建的必要性以及工作意识的更新，应该在记忆遗产保护理论与实践两个层面同步展开。

第一，东巴古籍文献遗产整合性保护理论范畴的意识更新。

东巴古籍文献遗产整合性保护理论范畴的意识更新以科研指向与需求共享的整合为起点。关于东巴古籍文献遗产保护的科研内容，除了学术设计之外，更多的工作仍应为保护实践中遇到的各类疑难问题做指导，并以了解与掌握记忆遗产保护实践中的实际需求为出发点。现阶段，东巴古籍文献遗产保护的裹足不前亟须向整合化的保护转型，科学研究作为源于实践又高于实践的指引性工作，理应捕捉实践之缺失、服务实践之所需、占领实践之前沿并引发实践之共鸣。通过记忆遗产保护模式的联系，科研指向与需求共享的整合不仅能提升与完善东巴古籍文献遗产保护体系内信息资源共享与遗产知识流动，还能借助学术圈与保护实践圈的资源实现一定范围内周知性的社会反馈效应，促进记忆遗产整合性保护的舆论力量，有利于整合性保护模式自上而下的宣传、推广与执行。

第二，东巴古籍文献遗产整合性保护实践范畴的意识更新。

东巴古籍文献遗产保护实践范畴的意识更新可以通过顶层设计与具体整合部署来实现。基于整合性保护意识更新后的记忆遗产理论，可依指导实践工作的方式做出必要调整，构建整合性保护模式的行为，依赖记忆遗产保护决策层集体意识的统一。这需要通过顶层设计环节的工作先行完成两项任务，一是记忆遗产保护事业顶层内部，应该根据东巴古籍文献遗产保护需要进行整合提升，以及通过整合性保护模式的运行实现整个记忆遗产信息资源有效保管与多元利用保护目的；二是顶层应该做好对于这项记忆遗产保护上下齐动，有序规划并勇于克服阻力、全面推进整合性保护策略的心理准备。这两项任务可以通过邀请东巴古籍文献遗产保护理论界、实践界以及部分民间热心人士以深入论证的方式确定。在统一记忆遗产整合性保护意识的顶层设计基础上，具体层面的整合性保护部署可随即展开。记忆遗产整合性保护实践规划与部署的同步，就是整合性保护模式构建意识与工作模式更新的统一。

（2）制度标准的建立。东巴古籍文献遗产整合性保护模式的建设，需要制度与标准规范保驾护航。在统一记忆遗产整合性保护意识的基础上创建模式，通过与实践紧密结合的方式，可视为记忆遗产保护突破性发展的尝试，值得在保护实践中推广。与东巴古籍文献遗产整合性保护模式建设关联的框架性制度需贯穿于保护实践整个过程中，以确保实证演绎与后续实践推广的顺利进行。

第一，实践之前制度标准的准备。

东巴古籍文献遗产整合性保护模式建设之前，基于统一认识的顶层设计需要通过一系列工作制度说明模式的思路与实施的具体办法。记忆遗产整合性保护实践之前所需制度标准的准备可分为两个方面，一是关于记忆遗产整合性保护及其模式建设纲领性、概括性的实施意见。通过实施意见内容，向东巴古籍文献遗产保护各主体表明改革保护方案，推进整合性保护以及实施模式建设的原则、目标、要求以及具体操作方法。其中，需从分析实际工作之不足、整合性保护改革之迫切性、必要性到打开改革之新思路，充分说明与解释改革目标及整合性保护方案等内容，确保东巴古籍文献遗产各保护主体充分领会与了解顶层设计的意图，掌握整合性保护实施办法，并积极响应记忆遗产整合性保护改革的号召；二是对于记忆遗产整合性保护及其模式建设标准与规范的管理办法。通过管理办法，对东巴古籍文献遗产整合性保护模式建设过程中需要进行主观判断的工作环节进行必要规范与指导。其中应包括记忆遗产信息资源流动往来之间的数据转换、各保护主体之间的信息数据对接人员安排、整合性保护模式内各方围绕记忆遗产保护实践的权利与义务等，确保顶层设计的思想脉络在执行中不出现诸如自相矛盾、前后不一、无法可依等问题。

第二，实践期间制度标准的执行。

东巴古籍文献遗产整合性保护模式运转期间，有三项工作可谓实践的支柱，即标准化制度建设、经费使用预算规划以及信息安全制度维护。整合性保护对记忆遗产信息资源进行集约化处理，来源不同、格式不同、载体不同等方面各显差异的信息资源，以及集约化处理的工作环节，都需要借助标准化规范制度实现口径的统一，针对记忆遗产数据类型、格式、存储载体以及保护客体范畴等内容的标准化建设，有助于加速整合性目标的集约化处理；东巴古籍文献遗产整合性保护实践的推动，从宏观到微观各层面的工作开展需要固定而持续的经费支持与投入，鉴于记忆遗产保护范围内的各个保护主体业务水平有高有低，分配并合理使用保护专项经费的工作，将是确保东巴古籍文献遗产整合性保护各阶段实践运行与记忆遗产信息知识流动的物质保障与驱动能源。

本书认为，可通过以各主体申报东巴古籍文献遗产整合性保护项目的方式，取代传统"撒胡椒面"式的分配方案，根据参与申报的各保护主体对申报项目拟开展保护的论证与规划，确定其整合性保护工作经费投入的多寡，并在项目完结时进行评估，以明确经费使用的状况并落实保护实践的效果；东巴古籍文献与相关的东巴文化是基于纳西族民间活动而形成的民族社会记忆，但对于记忆遗产保护客体范畴内部分以东巴象形文字写成的东巴文档案而言，其内容信息或存在不便于在当前公布与使用的可能，在东巴古籍文献遗产资源建设阶段，摸清保护客体信息之后，对记忆遗产内容进行涉密划定是必不可少的任务。整合性保护模式内的信息交换是以记忆遗产数据流动为基础的，对数据进行定期维护是确保流动保质保量的关键。为了最大限度地简化整合性保护模式的操作，对模式内信息数据的使用权限进行分类与预设显得尤为重要，此举也是强化记忆遗产数据安全的技术保障。此外，与相关行业合作共建应急预警联动机制也是确保东巴古籍文献遗产整合性保护实践安全的必要手段。

第三，实践完结制度标准的评估。

东巴古籍文献遗产整合性保护模式建设方案的实施，离不开保护体系内各主体的参与和奉献，因此，记忆遗产整合性保护模式的运行需要最大限度调动广大参与人员的工作积极性。实际工作中，除了借助文化保护认同感与工作责任心等意识形态的凝聚力，为记忆遗产保护人员工作积极性的培养创造一个人文关怀的外部氛围之外，通过建立健全一系列赏罚分明的业务水平评估与人事激励机制，对标对表实施保护是长效巩固与实质性增强保护人员工作积极性的管理手段。东巴古籍文献遗产整合性保护建设与实施过程中的激励制度在资源建设之初就应该予以明确，配合实践阶段的经费预算方案一起执行，对整合性保护人员的激励机制可体现在诸如制定多个层次的人才培养或奖励项目之上，机制内容应涵盖整合性保护体系各主体的工作人员，营造一个工作人员个人事业发展的奋斗环境。基于提升工作人员业务水平的记忆遗产保护人才建设团队与梯队，以及执行整合性保护激励制度内容的机构，将相应获得更多的工作经费与政策支持，以此形成记忆遗产保护主体之间的良性竞争环境。与激励制度相对的惩戒制度也有必要同时制定。对于工作人员而言，通过客观的年度业务考核办法衡量个人在记忆遗产整合性保护中的业绩表现，根据考核结果做出相应的奖罚，将奖罚内容与个人收入、职位、职称挂钩，以示严肃与公正。对于保护主体而言，通过年度考核，对机构年度开展记忆遗产整合性保护的业务内容、人员配备、制度执行情况、资金使用说明等项目进行打分，最终考核结果形成记忆遗产保护主体业务水平综合能力排名表，该排名影响下一年度的经费预算分配。东巴古籍文献遗产整合性保护业务评估机制的建立，有利于各保护主体调整自我认识，制定整改方案，有利于社会各界对记忆遗产整合性保护的认同。内部业务评估工作可以通过记忆遗产保护主体互评的方式定期展开，外部业务评估工作可以邀请与遗产保护相关的行业和社会组织进驻完成，评估工作需要提前确定好评估范围、评估内容、评估项目、评估标准、评估目的，事后做好评估总结，做到以评促建，促进东巴古籍文献遗产整合性保护模式的顺利运行与推广。

（3）人财物保障条件的铺设。在统一意识与制定制度之后，东巴古籍文献遗产整合性保护模式还需铺设相应的人力、财力、物力等条件作为运行保障。

第一，夯实物力保障条件。

东巴古籍文献遗产整合性保护模式建构于资源优化后的记忆遗产保护体系之上，其运行所需的物力条件应该在确保原有资源可供使用的同时，尽可能对潜在可用资源进行充分整合。由此，物力资源至少应该包括实施整合性保护工作的固定场所与配套设备。

调研得知，现阶段的东巴古籍文献遗产各保护主体库藏场所条件总体上较为简陋落后，尤其就现存库房的基础建设而言，截至笔者于2017年最后一次调研，几乎没有任何一家已经建成并投入使用的记忆遗产库房能够达到专业级遗产对象的保护要求。记忆遗产整合性保护模式的信息收藏方应当至少具备防火、防光、防水、防尘、防有害气体、防霉、防盗以及防虫等初级的基础性硬件保管水平，以确保遗产实体与信息的双重安全；东巴古籍文献遗产整合性保护工作的开展，仅靠库房资源的整合还不足以支撑与完成整合性保护模式的实践运转。本课题组走访时发现，几乎所有参与东巴古籍文献遗产保护的基层保护主体都存在硬件条件无法跟上实践所需的现实困难，甚至在某些县级保护主体中，连配备与东巴古籍文献遗产整合性保护工作开展相关的电脑等基础设备都尚未实现，这种状况会严重阻碍整合性保护模式的整体运行，并制约保护业务水平的整体提升以及整合性保护改革的推进。为此，以电脑至存储光盘从大到小的设备、省级保护主体的设施维护从上到下至县级实践主体的设施升级，到记忆遗产从里到外信息分类至数据开发所需配备的实践设施，都是优化整合性保护模式硬件条件。

第二，打造人力与财力保障条件。

东巴古籍文献遗产整合性保护的人力与财力保障条件应当广泛包括人力资源建设以及工作经费保障两个方面的内容。人力资源是一切与记忆遗产保护有关实践活动的主观能动主体，记忆遗产整合性保护模式的开展有赖于相关保护工作的人员全部到位，这不仅是对数量的要求，更是对质量的要求。数量可以通过各保护主体的动员与组织、对整合性保护实践团队的建设与管理来实现，而质量要求则需要通过全日制专业教育的设置、在职专业培训的贯彻、实践经验传授与共享的实现、资深主体业务能力的帮扶等途径完成。

东巴古籍文献遗产整合性保护模式的运行，需要创立一条稳定的专项工作经费投入与获取渠道，在向上积极争取资金支持的同时，还应当整合实践力量，根据东巴古籍文献遗产各保护主体的实际情况，经过业务资源优化配置，协作制备推动整合性保护模式所需的工作经费预算书，并借助申报、研讨或论证等方式寻找固定的记忆遗产保护研究基金项目与资金支持，依法合理使用好项目经费，协同合作共创记忆遗产整合性保护业绩。

（4）研究对象整合性保护模式运行的智力准备。涉及东巴古籍文献遗产保护的机构较多，为提高保护业务处理效率，以设计与运行整合性保护模式的手段实施东巴古籍文献记忆遗产保护，需按顺序安排好如下四项智力准备工作。

第一，整合性保护委员会与秘书处的设置。

鉴于东巴古籍文献遗产整合性保护模式内遗产信息数据依靠多个保护主体提供的事实，整合性保护工作也将涉及这些保护主体之间的合作与协同，由此，设置一个能在这些保护主体之间进行广泛指导的管理组织，专门处理协调保护主体之间的复杂关系，并对整合性保护未来发展思路提出合理规划与设计，这是整合性保护模式设计与运行时，降低与减缓整合性保护执行阻力的有效且必要手段。

东巴古籍文献遗产整合性保护委员会是在聚合具有代表性保护理论与业务单位或专家的基础上，组建而成的记忆遗产保护管理单位。旨在统一规划、组织记忆遗产整合性保护工作的开展，并对日常实践中遇到的各类问题进行垂直快速专项的管理。委员会的构建并非新建一套班子、配置一批人马、占用更多编制，而是参照国际档案理事会或教育部高等学校专业指导委员会等组织的形式，设一名主任与若干协作成员，委员会成员均以在各自单位原有岗位基础上兼任的形式办公，日常管理事务由常设秘书处专人负责。基于此，不仅东巴古籍文献遗产整合性保护工作总体效率将获提升，来自各保护主体的委员会成员也能在互相借鉴业务经验与共享信息的基础上促进资源的优化。

第二，各保护主体整合性保护领导小组的成立。

基于东巴古籍文献遗产整合性保护委员会的统筹与管理，诸多保护实践任务需要做出统一的部署与组织，以便各保护主体将不同阶段业务工作置于整合性保护事业的框架体系之内，以同速不同步的方式开展各类保护实践。因此，当保护委员会向记忆遗产保护事业体系内诸多保护主体传达整合性保护实践任务之际，安排一个最快捷的传播渠道就显得格外重要，在各保护主体内成立整合性保护工作领导小组无疑是最实用的选择。东巴古籍文献遗产保护事业体系内每一个参与整合性保护的主体成立一个保护领导小组，作为本单位执行整合性保护方案的组织者与管理者，同时承担与整合性保护委员会之间联络与业务往来的任务，负责本单位整合性保护实践。各主体保护领导小组的成立，能够确保东巴古籍文献遗产整合性保护实践工作责任落实到个人，也便于主体内部分工，各尽其责、各司其职地以主体内部或主体之间合作的方式完成手中的记忆遗产整合性保护工作。

第三，整合性保护信息联络人的指派。

东巴古籍文献遗产保护主体领导小组是各个保护主体内部有关整合性保护实践业务工作的主导者与管理者，而信息联络人则从各个保护主体的领导小组中选定指派，并直接负责该单位内部针对东巴古籍文献记忆遗产整合性保护实践与外部其他保护主体以及保护委员会进行业务沟通与联系。信息联络人的选择至少需要具备以下几个方面的特质，首先是笃定的思想。联络人应该对整合性保护模式方案怀有强烈的认同感，并愿意以自我业务实践的形式支持这个方案执行。其次是系统的家底知识。联络人应具备全面了解所在单位库藏记忆遗产情况的业务本领，做到全面系统掌握家底信息，并时常关注东巴古籍文献遗产保护事业体系内其他保护主体的业务开展情况。最后是专业能力。联络人应从事过一定时长的记忆遗产保护实践工作，具有必要的专业教育或培训背景，能将专业技术独立运用于记忆遗产保护实践活动。

第四，整合性保护委员会管理制度与实施规则的建立。

东巴古籍文献遗产整合性保护模式及其运行需要依托制度规则指导与环境保障。因此，在成立整合性保护委员会之后，保护管理制度与实施办法等一系列规则需要顺序构建。鉴于东巴古籍文献遗产整合性保护事业尚未有过多方协同认可参与的业务实践，与之相关的保护公式、运行模式以及业务开展所需的制度规范都需要从零开始进行预先设计与组织。制度规范将架构并作用于整合性保护模式始末，故应以体系方式进行建立。该体系内容主要应该包括宏观与微观两个层面。

宏观层面，由保护委员会组织秘书处在充分与各领导小组沟通后，对以下两个方面的管理内容进行编制。一方面，东巴古籍文献遗产整合性保护委员会工作章程。其中可分为保护委员会成立背景、成立意义、管理职责与工作义务、人员组成、人员管理方式、工作开展方式等内容。另一方面，东巴古籍文献遗产整合性保护发展规划。其中可分为保护发展总体设想与工作思路、秘书处及各保护主体整合性保护领导小组管理办法、分年度发展规划、保护发展难点与重点分析、保护发展预算等内容。

微观层面，以保护委员会为主导，由模式运行的领导小组以合作方式协商进行编制。其一，整合性保护信息数字化业务标准化处理规则。其中包括对构建部门所属记忆遗产信息检索与数字化录入标准化处理规则、东巴古籍文献信息资源提供数字化服务的标准化处理规则、整合性保护业务开展全过程档案信息数字化标准处理规则等。其二，整合性保护客体范围与分类整理办法。其中可分为东巴古籍文献记忆遗产保护对象的范围界定实施办法、东巴古籍文献记忆遗产分类与整理办法等。其三，东巴古籍文献记忆遗产保管与应急保护办法。其中包括东巴古籍文献记忆遗产常规性库房实体与信息安全保管办法、东巴古籍文献记忆遗产突发灾害应急保护处置预案等。其四，东巴古籍文献记忆遗产信息服务实施办法。其中可分为东巴古籍文献保护事业引入专业技术部门开发利用记忆遗产信息资源实施办法、东巴古籍文献信息资源社会化服务分工与实施细则等。

（二）外部条件：分析模式运行所需环境

东巴古籍文献遗产整合性保护模式如同一个设计完整的框架，需要置于实际工作场景中方能显示成效。笔者在充分尊重记忆遗产保护现状的基础上，以实际工作场景为案例，提出以两个阶段作为案例实现路径，通过实证方式进行分析演绎的构想。

1. 案例所需特性

东巴古籍文献遗产整合性保护模式在现实工作中的运行，以具体的工作环境为发挥效用的支撑条件。本书认为，东巴古籍文献遗产整合性保护模式运行所需的演绎土壤应当具备如下四个方面的特性。

（1）可行性。东巴古籍文献遗产整合性保护模式构建的框架，需经过具体数据信息的填充，才能满足运行的条件。因此，划定恰当的范围，将实际工作中形成的数据信息代入模式内演绎，对运行流程进行分析与验证，才是解决东巴古籍文献遗产保护实践中各类问题的有效途径。其中，选择恰当运行范围是设计合理方案的前提，尊重并掌握现行东巴古籍文献遗产保护实践中各参与方的优势与不足以及总体的保护发展水平，了解并预测与东巴古籍文献遗产保护事业内存在常规性保护实践往来关系的各参与方未来的业务交叉协作趋势。

（2）拓展性。东巴古籍文献遗产保护事业的发展需要不断完善各参与方的协作关系，最大限度增强技术性因素的积极影响，并且减轻非技术性因素带来的负面作用。对记忆遗产保护工作的完成而言，无论技术性抑或是非技术性因素的效能提升，都无法一蹴而就。因此，在设计东巴古籍文献遗产整合性保护模式及运行案例之际，需要在结合当前实际工作水平的基础上，兼顾未来发展的增长度与上升度。由此，该模式的拓展性可通过如下两个方面加以体现：重视并坚持东巴古籍文献遗产保护事业应当分阶段、分步骤实现最终保护目标的实践手段；规划与设计适用于记忆遗产保护事业不同发展阶段所需的、留有扩展空间的整合性保护模式。

（3）配合性。鉴于东巴古籍文献遗产保护工作的每一次前进是理论规划与实践水平配合并相互作用的集中体现，可知整个记忆遗产保护事业的发展，需要立足于当下保护实践的基础，才能实现长足的进步。而东巴古籍文献遗产整合性保护理论、模式以及运行案例作为整合性保护体系的三大支柱，三者内部也需要相应配合，才能发挥最优的整合性保护效能。由此，在整合性理论与模式不变的前提下，模式的配合可通过如下两个方面加以设计：充分领会东巴古籍文献遗产整合性模式内整合要素的含义与运行范畴，确保保护模式与这些整合要素一体化搭配运行；充分考虑即将运行整合性保护模式的保护主体之间的业务配合度，并且重视保护主体之间政策合作性、实体距离以及保护业务连贯性等现实问题。

（4）代表性。东巴古籍文献遗产整合性保护理论与模式的设计，是本书基于大量对记忆遗产保护实例存在的问题进行分析后得出的一种研究思路，具有解决记忆遗产保护实践中各类问题的普遍规律性。当具有普遍规律性的整合性保护模式实际演绎时，保护模式的设计需要充分考虑对象的代表性，即设置环境和背景等所反映出来的具体性、个别性以及特殊性问题，尽可能地还原真实环境并且缩小演绎环境与真实环境之间的差距，方可验证公式解决实际问题的能力。由此，东巴古籍文献遗产整合性保护模式的设置需要体现三个方面的内容：整合性保护模式的设计应置于东巴古籍文献遗产保护工作开展中最迫切且最能体现保护效果之处；保护模式的设计应置于记忆遗产资源相对集中且便于执行整合性保护实践工作之处；保护模式的设计应置于易于产生记忆遗产保护业务生态循环之处。

2. 案例分阶段运行的理由分析

本着东巴古籍文献整合性保护模式的设计目标,应尽快找到合适的运行模式并投入使用。然而,鉴于现阶段东巴古籍文献遗产保护事业长期存在的几种关键性内外部发展状态[①],长期积累而成的业务生态不可能通过一个简单易行的模式就能达到东巴古籍文献遗产保护事业发展水平的整体性全面提升。因此,本书认为,模式运行案例的选择应以保护理论结合实际、尊重东巴古籍文献遗产保护事业当前实践发展水平为实施原则。在尊重现状的前提下,本书拟将案例分为两个阶段,通过分步骤的方式展现东巴古籍文献整合性保护模式的运行。理由有以下几点。

(1) 时间理由。现阶段,东巴古籍文献遗产整合性保护模式的运行,尚不具备同时在全部参与保护事业的部门中同步实施的客观条件。首先,参与东巴古籍文献保护事业的各部门自身发展水平不同步。涉及保护事业的诸多部门其行政级别各异,省级与县级的保护主体之间客观存在软硬件等各方面资源的差距,导致发展水平不一。其次,参与东巴古籍文献保护事业的各部门之间开展遗产保护业务的周期及进度不同步。记忆遗产保护主体受到主客观因素影响,开展遗产保护业务的时间不同,其启动或执行周期的差异导致保护经验与完成速度无法统一,以致总体进度快慢不一。再次,参与东巴古籍文献保护事业的各部门之间开展业务的重点和步骤不同步。涉及记忆遗产保护的主体职能归属不尽相同,事实上大部分保护主体的常规性业务并非东巴古籍文献这个单一对象,这意味着无法对各保护主体能够投于此的精力进行统一要求与管理,进而,以同时同质同量同法的标准规范各保护主体运行东巴古籍文献遗产整合性保护模式的设想不具备现实可行性。最后,参与东巴古籍文献保护事业的各部门就保护公式中的重要整合环节、工作节点的衔接不同步。从当前各保护主体业务发展不平衡的现状分析,将全部保护主体纳入东巴古籍文献遗产整合性保护模式的设想无法成立。各保护主体就记忆遗产保护业务开展的基础不同,在未

---

① 即外部状态表现为东巴古籍文献遗产保护事业的理论研究与实践工作之间始终存在鸿沟,内部状态表现为东巴古籍文献遗产保护事业机构之间的业务生态循环较差、保护事业与社会需求之间尚未形成有效互动。

经系统规范化、统一化处理之前就贸然代入运行，将对模式的重要整合环节与工作节点的衔接与贯穿造成破坏性影响。

（2）空间理由。现阶段，东巴古籍文献各保护主体之间不具备全面系统密切的记忆遗产保护业务往来关系之客观条件。首先，参与东巴古籍文献保护事业的各部门所处的位置与距离各异。总的来说，涉及并开展东巴古籍文献宏观保护的主体分散于全球众多收藏这一记忆遗产的部门、机构或个人手中，这些收藏主体之间的地理距离难以估算；而现实中规模性长期开展记忆遗产保护的各主体集中于云南省，尤以丽江地区为核心。空间距离的客观事实促使本课题组思考，通盘化一步到位的运行成本过高，风险过大，不如以区位远近分步骤、分阶段执行运行策略更为合情合理。其次，参与东巴古籍文献保护事业的各部门所属机构的属性各异。当前涉及记忆遗产保护业务的各保护主体大致分属文化管理机构、教育研究机构两大领域，然而，往细的方向划分，文化管理机构内又可再分为同属文化厅局下属的事业单位图书馆、博物馆以及隶属同级别人民政府参照公务员管理的直属单位档案馆等部门；教育研究机构内可再分为中国社会科学院下属的地方性东巴文化研究院以及隶属高校管理的高校图书馆等。上述保护主体属性各异，各自业务开展维度不同，往来合作关系的确立易受到诸多因素影响，基于此，东巴古籍文献遗产整合性保护模式运行应先抓住有既定或长期合作关系的群体，以此为首批入选者，在微观范围内运行保护公式更具操作性。再次，参与东巴古籍文献保护事业的各部门之间存在的地方文化保护意识以及民族认同意识有时可能成为阻碍整合的路障。一方水土养一方人，不同的地区与民族客观上存在意识形态、生活习惯与做事风格迥异等方面的事实，而东巴古籍文献遗产整合性保护模式运行的先决条件是记忆遗产资源的共享，每当面对"共享民族文化资源"不等于"拿走地区资源"这类困惑时，统一各保护主体的意识就显得格外重要，否则，狭隘的意识将不可避免地形成阻碍整合的路障。因此，在东巴古籍文献保护意识统一的主体之间先行构建起整合性保护模式的运行案例，正是尊重事实并积极推广的表现。

（3）技术及非技术理由。现阶段，东巴古籍文献遗产整合性保护模式的运行尚缺少必要的技术支撑以及前期准备的相关非技术条件。首先，东巴古籍文献遗产整合性保护模式的运行，涉及部门多、地域跨度大、资源种类全、服务对象广，其技术架构是一项浩大的工程，需要一定时日进行设计并施工。倘若为了等待技术架构完成而放任东巴古籍文献各保护主体继续维持目前分散实践的现状，那么未来整合性保护开展的现实难度将有可能大大超出理论研究的可控范围。此外，现存珍贵东巴古籍文献的实体材质与编研人员的识读能力也会随着时间的推移而大打折扣。由此，分阶段、分步骤实施运行的思路应符合当前的客观需求。其次，围绕东巴古籍文献遗产整合性保护模式运行所需技术支持展开的非技术性操作困难，目前主要表现如下：对参与整合性保护模式运行的部门而言，记忆遗产资源运行的技术培训能否做到同步掌握统一实施的目标；东巴古籍文献整合性保护模式运行网络的架构管理方、出资方与执行方依照何种标准和方式加以明确；模式运行所需的平台架构标准化、规范化等具体工作设计与编制尚需时日，若在未完全打好基础的前提下就全方位实施统一运行，操作过程中各种状况频发的概率将会大幅度提升；东巴古籍文献遗产整合性保护模式运行的目标是提供社会各界记忆遗产信息服务，如此一来，针对保护公式运行设想做前期市场需求分析的工作任务该由哪方承担。诸如此类的问题都需要基于模式内容所涉及的工作任务加以规划与部署。

3. 案例设计

鉴于东巴古籍文献遗产涉及的保护主体较多，案例设计中无法全部提及，因此，本书基于四点考虑，以图 3-4 表述案例设计的思路。

（1）案例图示内涵。东巴古籍文献遗产整合性保护模式需要借助一定的案例作为实证土壤，以示其可行程度。整合性保护模式架构于以遗产信息数据流转为平台的虚拟通道中，其中的遗产信息数据来源于各个不同的实体资源集合，实体资源集合的组成与建设直接影响遗产信息处理的水平与效率。因此，案例中的实体资源集合是东巴古籍文献遗产整合性保护实施的基石，整合性保护模式是实施的催化剂，经过一番信息处理，最终实现遗产为过去的传统文化做传承，为今日中华民族共同体身份认同做宣传，

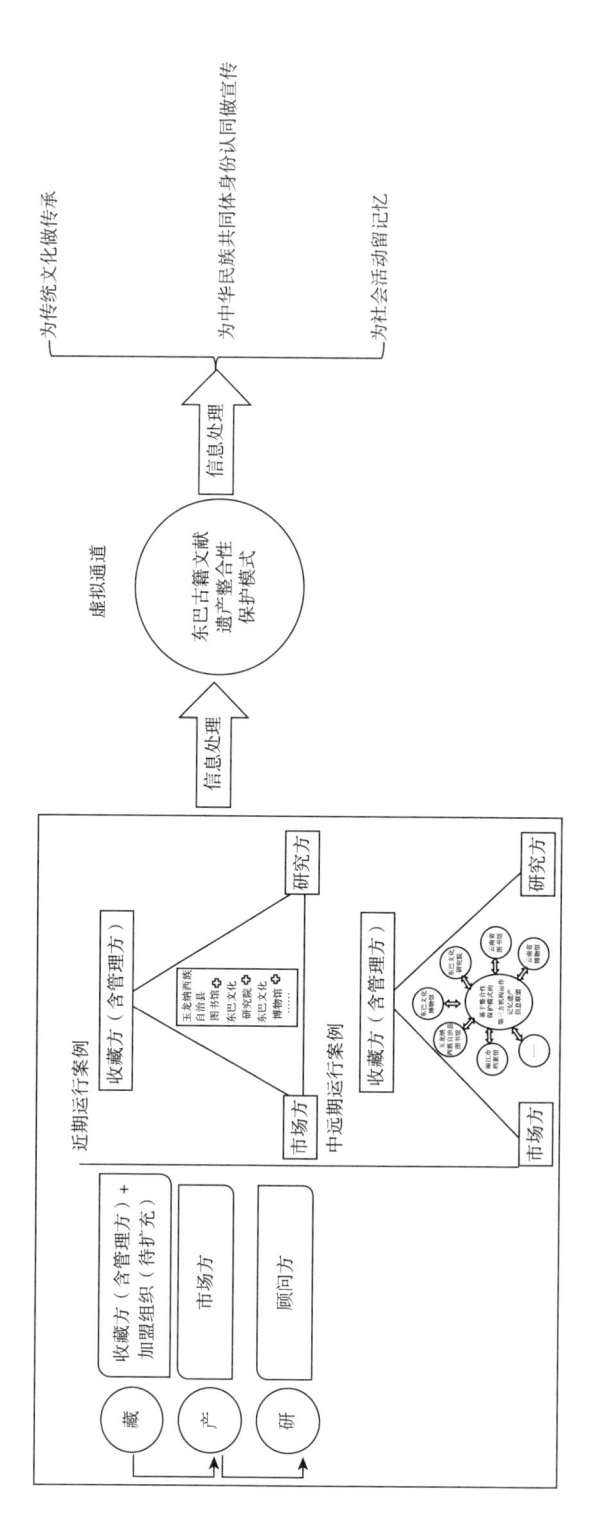

图 3-4 东巴古籍文献遗产整合性保护模式运行案例设计

为未来社会活动留记忆的"存用"目的。

（2）案例的组成。鉴于东巴古籍文献遗产兼顾静态与动态保护范围、保存分散等实际，本书中的案例设计将实体资源集合中的"藏""产""研"三方视为能催化整合性保护模式发挥最佳效用的背景条件置于一体。"藏"指的是东巴古籍文献遗产中的各个收藏方，这个部分较之"产""研"而言，因数量多而变动最大。实体资源集合的整合无法做到一蹴而就，需分阶段、分步骤逐渐推进构建的范围，故图3-4中，本书明确在"藏"中标注了内容待扩充与增容的建设思路。"产"指的是市场方，对应的是东巴古籍文献遗产开发服务面向的受众方，其中有部分专业受众是学术研究者、政策制定者、文化传承者，还有部分受众是以文化休闲、观光游览为目的的游客，以及为以上群体提供服务的介质机构。"研"指的是从事东巴古籍文献遗产及其相关东巴文化传承或保护理论与实践工作的个人或组织。"藏""产""研"有助于东巴古籍文献遗产保护形成业务生态与循环，有利于整合性保护的全面实施。

（3）案例的两个阶段。东巴古籍文献遗产整合性保护模式可视为一个保护公式，需要以合适的案例作为执行土壤加以实施。但需要正视的是客观实际中，"藏""产""研"三个部分都处于变动状态中，其中尤以"藏"为甚。基于收藏方行政隶属关系、机构性质、管理方式、开发程度以及意识观念等情况各有不同，故案例运行将是一个分阶段、分步骤的过程，应至少分为近期、中远期两个阶段，以部分参与逐步推进至全面参与的方法加以执行。

第一，近期整合性保护案例。

近期整合性保护案例的核心在于尊重现实保护，工作存在合作与协同关系的部分记忆遗产保护主体，利用已具备业务联系的保护主体实践或遗产资源优势，顺势引入东巴古籍文献遗产整合性保护模式而组建成的一个小规模记忆遗产保护业务生态圈。此虚拟存在的保护业务生态圈内各保护主体能够借助模式运作，超越固有的机构间实体阻隔，获得保护业务水平的优化，巩固保护主体业务标兵的地位，从而实现记忆遗产信息资源共享、保护事业互助以及业务共赢。小范围近期案例的实施，可为东巴古籍文献遗产其他保护主体的业务提升树立同行榜样、发挥典范作用，并为社会各界提供以学习、工作或娱乐为利用目的的记忆遗产信息服务。

第二，中远期整合性保护案例。

中远期整合性保护案例的核心是具备资质的第三方机构，基于整合性保护模式而创建并运作以提供信息共享与服务的一个记忆遗产信息联盟组织。这个联盟组织内关于东巴古籍文献的一切记忆遗产信息资源均由各遗产保护主体提供，在经过联盟平台技术处理与业务生态循环之后，记忆遗产文献信息以不同开发与加工层次的形式为联盟组织体系内的各家保护主体提供信息专业服务，并根据东巴古籍文献遗产利用目的，为社会各界推出针对学习、工作以及娱乐等诉求的信息化服务。

4. 案例运行原则

无论是东巴古籍文献遗产整合性保护模式的近期还是中远期运行案例，甚至于今后随着保护理论深化以及实践水平提升，可能出现的其他形式运行案例，在基于记忆遗产保护事业持续健康发展的共同目标下，业务运行始终应该遵循如下四个原则。

（1）以模式演绎为核心的运行原则。东巴古籍文献遗产整合性保护事业参与方众多，且长期以来对于保护对象的范围划分与界定尚未达成标准的定论，故开展的具体保护业务工作甚为分散。虽然均属保护事业的业务圈子，但其中的保护实践却始终形不成合力，业务生态环境的缺失制约了记忆遗产总体保护效率的提高。东巴古籍文献遗产整合性保护模式的设计，将记忆遗产资源建设、保护管理与信息服务三项原本分离的业务工作贯穿起来，为这三项工作以及与构建这个连贯平台有关的业务主体提供了恰当的整合机会。这是一个与以往保护实践开展完全不同的方式，好比种子与土壤互为生存的关系，模式的演绎需要建设或培育与之匹配的案例作为运行土壤，案例的运行也需以模式演绎为核心。

（2）以动态发展为思路的运行原则。东巴古籍文献遗产整合性保护是一项长期推进的事业，相较于当前记忆遗产保护工作的主客观条件，理论研究的内容始终与实践工作存在较大差距，究其原因就在于理论研究提出的起点高于整体实践水平，由此导致诸多研究成果陷入"空中楼阁"。结合东巴古籍文献遗产保护事业发展的实际与目标，整合性保护作为一种促进实践效率提升的手段，围绕这个手段而设计的模式可视为一个通过众多保护实践归纳总结而得的规律性业务执行方式，这个内容架构基于当前的业务实际，其运行必定需要打造适合当前保护环境的案例。而随着实践运行的推进，其推广价值与市场效应将会递增，配合的理论研究也将逐步向更加完善、系统、前沿的方向推移，届时案例内容架构也将朝着东巴古籍文献遗产信息社会化服务与传承的目标迈进，因此，以分阶段、分步骤动态化发展的思路指导模式的设计与案例的运行十分必要。

（3）以专业权威队伍共建文化服务为标准的运行原则。东巴古籍文献遗产整合性保护模式的内容涉及十二项记忆遗产保护业务的整合，这些业务的实施方行业归属各有不同，业务优势各有千秋。整合性保护模式破除时空等条件的局限，将一系列原本分属不同行业的具有不同业务优势的资源实施者置于同一运行平台之上，以整合的手段对记忆遗产保护资源进行优化，确保东巴古籍文献遗产保护事业中每个具体业务的实施均能够以专业、权威的方式完成。在充分厘清东巴古籍文献遗产保护业务家底的前提下，将保护事业内的记忆遗产资源与业务优势进行更为合理的分配与交换，引入招标管理机制，将不适于、不便于、不利于事业体系内保护主体开展的业务交给有资质的中标机构运营。此举不仅可以有效降低记忆遗产保护主体在实施保护业务过程中产生的业务归属类矛盾，还能在分工合理的业务范围内人尽其才、物尽其用，发挥整合优势，以优质的服务支持社会文化事业发展。

（4）以全民参与记忆遗产保护为目标的运行原则。东巴古籍文献遗产整合性保护模式的运行过程是保护事业各业务主体资源高度优化的集中体现，资源优化并非一项瞬间性的工作，而需要以先期完成大量准备为前提。传统的遗产保护工作往往是以行政机关牵头、收藏部门和研究院所参与的方式实施，再将保护形成的相关出版物公布于众。这种单向传递遗产信息的工作模式较为保守，能够保证遗产信息安全，却无法吸引社会普遍关注，更不用说调动社会力量参与。事实上，记忆遗产和任何一类文化遗产的保护一样，不仅仅是政府部门管理的任务，真正的保护应该是全民参与其中。

因此，东巴古籍文献遗产整合性保护业务的开展应大幅提高社会参与保护的程度，重视市场需求的模式运行目标导向，切实将社会共同参与遗产保护作为东巴古籍文献遗产整合性保护模式运行的目标。

5. 案例运行特点与意义

（1）近期运行案例的特点与意义。东巴古籍文献遗产整合性保护模式近期运行案例的特点可分为以下四个方面。一是案例的启动简便。在充分了解东巴古籍文献遗产保护事业中存在固有业务往来关系的几家保护主体的基础上，近期运行案例牵涉的保护主体范围相对较小，业务规模可控性较强，涉及的准备工作相对较少，响应运行的速度相对较快。二是案例的技术要求与意识易于统一。当前东巴古籍文献遗产保护主体之间发展不平衡，难以用统一的标准将全部保护主体一次性引入运行案例。基于保护主体原有业务往来关系平台架构而成的近期运行案例，其内部业务生态循环较为成熟，合作以来对于技术与意识的要求相对一致，在实践运行期间也能降低人为因素引起的不必要障碍发生概率。三是案例的业务运行便于执行。根据东巴古籍文献遗产整合性保护模式的设计，运行案例中的参与方应基于各自的优势资源，通过合理的分工，以最大限度的整合，实现记忆遗产信息共享。近期运行案例内的各保护主体可依托既有的意识与分工，更有效率地执行模式所需的业务生态循环，顺利产出记忆遗产信息资源共享的果实。四是案例的过程控制有效且快捷。近期运行案例基于已有的业务生态平台运行东巴古籍文献遗产整合性保护模式，运行过程中新矛盾与新问题产生的概率相对较低，应用于执行中的标准化建设、管理建设等工作指导性纲领制度大多可以基于原有的文件修订与完善。由此，不仅节约大量精力与时间，还能为中远期运行案例提供有益的借鉴。

基于以上特点，开展近期运行案例的意义可以从理论和实践两方面来理解。东巴古籍文献遗产整合性保护模式运行案例的理论意义在于：一方面可以纠正现行东巴古籍文献遗产保护研究与实践脱节的导向，通过重视保护实践中取得的成绩与存在的不足，寻找可行的理论进行具体业务指导；另一方面可以获得更多与东巴古籍文献遗产保护实践中产生新问题相关的信息，为理论研究提供颇具针对性的素材，以便理论研究成果更具指导实践的操作性；此外，作为一个颇具代表性、可行性的运行案例，不仅可为其他遗产类保护对象提供理论借鉴，还能拓展档案学研究视角与维度，为丰富档案学科与文化遗产、社会记忆等对象的交叉研究积累理论基础。运行案例的实践意义在于：一方面能够切实解决东巴古籍文献遗产保护中遇到的瓶颈问题，以整合的方式开展前所未有的突破，可使记忆遗产保护事业迈出实质性步伐；另一方面能够拓宽东巴古籍文献遗产保护工作的范畴，从单一视角扩展至多维视角，从仅对保护客体的研究扩展至对保护主体的关注，从静态的保护扩展至动态的保护，从对遗产实体的安全性抢救式保护扩展至对遗产实体与信息并重的资源性开发式保护。

（2）中远期运行案例的特点与意义。东巴古籍文献遗产整合性保护模式中远期运行案例具有以下三个方面的特点。一是案例的准入机制长效。东巴古籍文献遗产整合性保护模式运行的中远期案例借鉴了全国文化信息资源共享工程的全国图书馆参考咨询联盟。作为模式依赖的中远期运行案例，具备长效、持久的追加成员机制。在维持记忆遗产基础性抢救式保护实践所需的信息资源运转之际，也可以逐渐形成新的开发式保护增长点，不因时空变化而影响东巴古籍文献遗产保护事业发展的步伐。二是案例的社会影响力深远。相对于初期运行案例是临时过渡性的选择，中远期运行案例则能囊括东巴古籍文献遗产保护事业全部保护主客体对象，并通过成熟的管理与机制输送记忆遗产信息资源，使整合性保护模式运转，带活东巴古籍文献遗产保护事业整体发展。此模式亦能打造为记忆遗产保护品牌，便于其他类型遗产保护借鉴，其社会影响力深远。三是案例的专业化分工科学。中远期运行案例遵循术业有专攻的原则，参与记忆遗产信息资源共享的各保护主体无须开展原先并不擅长的技术工作。事实上，架构信息联盟资源平台的执行方将由拥有足够技术资质的第三方机构担任，故中远期运行案例中涉及东巴古籍文献资源的所有权与使用权相对独立。而对于记忆遗产信息开发利用而言，立足于档案学基础理论之一的来源原则能够发挥指导作用，确保整合性保护模式内运行的东巴古籍文献遗产信息在尊重来源部门意见的基础上为社会各界提供利用服务，以避免或减少开发式保护过程中不必要的知识产权等类纠纷。

基于以上特点,开展中远期运行案例的意义可以从理论和实践两方面来理解。东巴古籍文献遗产整合性保护模式运行案例的理论意义在于体现了记忆遗产类保护对象的研究应该做到以发展眼光为起点,以开放式出口设计为目标的研究思路。其实践意义则在于,此案例的设计与运行是多学科多元整合应用于遗产类对象保护研究与实践的有益尝试,其成果经过时间和市场验证之后,可供推广与借鉴。

6. 案例运行重点

(1) 近期案例运行重点。第一,合作。东巴古籍文献遗产近期运行案例是基于两个或多个具有记忆遗产保护合作关系保护主体既有的遗产信息资源构建而成的虚拟数字化业务生态圈。其中,保护业务生态循环的快慢取决于生态系统内各保护主体业务关系协同合作的深浅。东巴古籍文献遗产保护合作主体的确立,不仅可以巩固该主体内部涉及记忆遗产保护业务的各部门之间的整合关系,从上至下统一争创示范优先的思想意识,还可以深化该主体单位与记忆遗产保护事业内部其他保护主体之间自然存在的业务合作关系。基于尊重与利用原有业务合作关系而构建的东巴古籍文献遗产保护主体业务生态圈可以通过稳固的合作关系,促进记忆遗产保护事业生态圈内各主体之间的业务优化,以便提高业务综合竞争力,在东巴古籍文献遗产保护事业领域内占据领军地位。

第二,激励。东巴古籍文献遗产近期运行案例的试点工作需要在实践前后各引入相应的激励机制,实践前的激励机制目的在于最大限度调动人力资源与物质资源并进行优化配置,确保试点体系内的记忆遗产保护主体上下齐动,结成东巴古籍文献遗产保护事业"命运共同体";实践后的激励机制目的则是充分肯定业务骨干的工作业绩,为下一步的保护实践打造更好更高的工作平台,形成业务投入产出正态分布结构。体系化的激励机制能够在案例试点区域内形成整体业务突出的发展势头,通过东巴古籍文献遗产保护事业的整合性保护模式实践运行具体业务,辐射带动区域外的其他保护主体,启发并推动形成更多的示范生态圈。

第三,整合。东巴古籍文献遗产近期运行案例试点区域内的保护主体应该对各家馆藏记忆遗产资源以及保护业务方法手段等行业领先的项目进行充分整合。试点区域内的各保护主体虽具有不同的机构属性，对于东巴古籍文献遗产保护业务却有各自的优势，在不影响双方协同合作关系的基础上，将这些固有的优势充分结合起来，共同为统一的工作主题服务，保护事业则能够增加更多亮点，并丰富保护内容，试点区域内的记忆遗产保护业务水平也将不断做大做强。此外，其他域外保护主体也可以通过记忆遗产相关业务联系，与试点区域内保护主体进行业务资源优化，实现双赢式整合。

第四，管理。近期运行案例是东巴古籍文献遗产多个保护主体运行整合性保护模式的业务集合，业务开展的顺利程度和标准化管理制度的建设程度成正比，各保护主体都有各自的管理制度，但基于记忆遗产保护主体的业务生态模式，必须有一套围绕记忆遗产标准化保护管理的操作制度来引导、约束与规范存在管理制度差异化的各个保护主体。由此，近期运行案例下的标准化保护管理制度应至少包括对收集入选整合性保护模式中记忆遗产范围的规定、各保护主体提供馆藏记忆遗产信息资源的职责义务执行意见、对记忆遗产数据类型的划分、对记忆遗产信息检索方式的确定以及对更为细致具体的记忆遗产收集数据格式、记忆遗产信息安全保护技术、记忆遗产数据检索格式等内容的规定。

第五，推广。东巴古籍文献遗产近期运行案例在注重体系内各保护主体业务协同巩固的基础上，还需要加强对外合作。首先，通过对外合作推广记忆遗产整合性保护模式。案例是试点，即遵循记忆遗产各保护主体间已有的业务关系，以最快的方式、最优效率实现整合性保护模式的架构。在规模较小的记忆遗产保护业务生态圈内发挥"船小好调头"的优势，当实践中发现问题时，进行及时管理与调控。扁平化的管理结构能在较短时间内归纳出一套最实用的记忆遗产整合性保护操作模式，利于在东巴古籍文献遗产保护事业中进行业务推广。其次，通过对外合作提升记忆遗产社会认知度。近期运行案例的可行性实践不仅为同属记忆遗产保护事业内的其他保护主体提供业务借鉴，业务生态循环中涉及与保护事业外围其他社会组织的业务联系也是向更多人宣传东巴古籍文献遗产整合性保护以及提升全社会遗产保护意识的过程。

（2）中远期案例运行重点。第一，技术。根据东巴古籍文献遗产中远期运行案例创建的信息联盟组织，记忆遗产信息资源的流转是其存在的根本。基于各家保护主体提供的遗产信息均附带着各自的格式，这些不同来源的遗产信息亟须通过标准化的技术手段抹平前序烙印，以便为信息整合做好预备工作。东巴古籍文献遗产各保护主体除记忆遗产保护工作之外，仍承担着大量与机构属性相关的常规业务，故引入具备可靠技术资质的第三方机构建立记忆遗产信息联盟组织的方式，能够发挥各自的优势，通过优化资源，实现整合性保护的目的。

第二，执行主体。鉴于东巴古籍文献遗产各保护主体所属机构的常规业务量所匹配的人力、经费与物质资源已满载，记忆遗产保护信息联盟组织的持续运转需要一支独立、稳定的团队充当执行主体——管理运营方。东巴古籍文献遗产保护信息联盟组织通过运营方的管理，不仅能减轻各保护主体记忆遗产保护业务开展的负担与压力，避免体制内各保护主体业务与社会需求接轨时可能遭遇的无法可依的状况，还能在引入市场化运作信息联盟组织的基础上，实现对记忆遗产信息资源更专业的开发，取得全社会更广泛的遗产保护认同以便达到东巴古籍文献遗产保护主体与信息联盟组织执行主体的业务共赢。

第三，关系管理。东巴古籍文献遗产中远期运行案例的信息联盟组织应是内部至少由管理部门与业务部门等共同组成的、有分工且层级分明的执行主体。在确保各部门协同合作关系顺畅的业务实践前提下，该执行主体内部门设置的健全程度，往往与信息联盟组织的业务开发水平成正比。由于信息联盟组织的信息资源来源于记忆遗产各保护主体，对进入信息联盟组织体系内的各保护主体的合作关系进行维护，确保东巴古籍文献记忆遗产信息资源供应源源不断，有利于信息联盟组织内部的信息资源数量储存与质量建设。

第四，运营。东巴古籍文献遗产中远期运行案例的信息联盟组织通过独立团队运作以提供多样化记忆遗产信息资源服务的方式存在。服务是其运营的根本目的，取之于信息联盟组织体系内各保护主体汇集的记忆遗产原始信息隐性知识，反之以多元加工多层次开发的显性知识，为东巴古籍文献遗产整体保护事业的发展向全社会提供服务。经过信息联盟组织加工、整理与开发的东巴古籍文献遗产信息资源，还为全社会基于工作、学习或娱乐等提供多元化服务，借助各类载体形态的记忆遗产显性知识以满足不同人群的文化需求。

第五，宣传。东巴古籍文献遗产中远期运行案例的信息联盟组织为社会提供记忆遗产信息服务的目标，需要一定的过程。东巴古籍文献遗产整合性保护模式运行的业务生态圈通常会遵循由创建初期相对狭小的范围至中远期逐渐扩大时空广度的社会影响范式转换。在此过程中，信息联盟组织的对外宣传至关重要。在常规借助移动终端新媒体技术的支持进行业务宣传之外，还可以通过"以研带宣"的途径，依法运用知识产权保护下已有的东巴古籍文献遗产保护研究科研成果，形成记忆遗产科研数据库，带动学术界从专业视角关注信息联盟组织的成长，并在联盟发展到一定阶段，组织科研力量启动对与整合性保护模式运作有关的内容深入研究，形成一批系统化的宣传工具，服务于信息联盟组织长效运作。

第四章　研究对象整合性保护模式实证演绎

东巴古籍文献遗产整合性保护模式运行的近期案例是基于目前记忆遗产保护事业发展客观条件提出的对策。根据其具体实施情况对照整合性保护模式资源建设、保护管理及信息服务三个环节的内容，可以设计如图4-1所示的构成方式。因地制宜结合图4-1中涉及记忆遗产保护事业体系内各保护主体所持有的资源与具备的优势，可以通过植入整合性保护模式中的资源建设、保护管理与信息服务三个阶段的方式对近期案例加以分析与演绎。

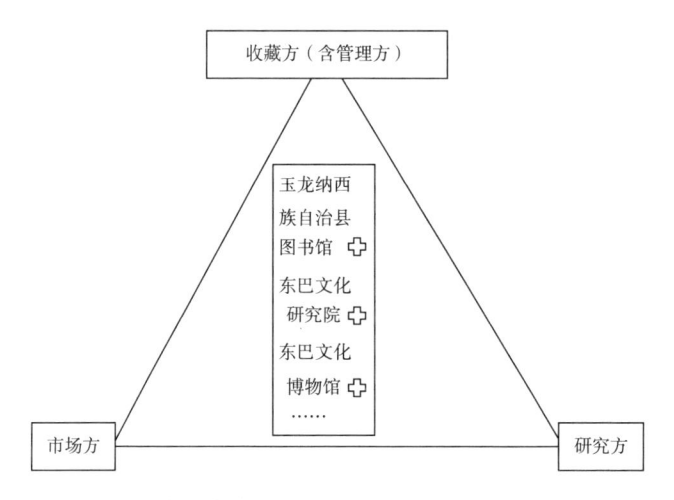

图 4-1　东巴古籍文献遗产整合性保护近期运行案例

第一节 实证准备

一 案例组建条件

从图4-1可见，本书将近期运行案例的构建对象集中于三个保护主体之间，即玉龙纳西族自治县图书馆、东巴文化研究院以及东巴文化博物馆。选择这三家记忆遗产保护部门作为首批构建对象的原因在于如下四个方面。

（一）时空条件

构建对象具备的时空条件可以理解为针对记忆遗产保护业务开展的同步性以及部门地理距离、部门归属、保护人员业务往来的关联性等方面。

玉龙纳西族自治县图书馆作为现存于世东巴古籍文献单体藏量最大的收藏部门，其记忆遗产保护资源与人员数量长期处于不相匹配的境地。东巴文化研究院在全面掌握丽江地区东巴古籍文献保护事业与遗产资源家底的基础上，很早便建立了与玉龙纳西族自治县图书馆之间的业务合作关系，主要表现在玉龙纳西族自治县图书馆提供记忆遗产资源，供东巴文化研究院识读、翻译以及编研出版。这种业务合作虽然是记忆遗产收藏部门与研究部门之间围绕资源信息展开的初级交换与共享，但仍然为东巴古籍文献、东巴文化以及中华文化的保护繁荣做出了不可磨灭的贡献。基于已有的这条同步开展的业务合作线索，这两个保护主体在统一的整合性保护模式中，其运行节点处业务开展顺畅的可能性较大，因此，自然而然在近期运行案例构建之初即被联系在一起。

东巴文化研究院是专门开展与东巴文化有关领域保护对象研究工作的研究型机构，东巴文化维系与东巴古籍文献记忆遗产传承拥有共存共生的土壤，东巴文化研究院工作人员获得的科研成果均来源于数量丰富且内容扎实的田野调查，此信息资源交换的过程，亦是东巴文化研究院与毗邻的东巴文化博物馆保护业务合作的体现。东巴文化研究院作为专职科研机构，通过科研分别与玉龙纳西族自治县图书馆、东巴文化博物馆建立了业务联系，也为本无业务交往的玉龙纳西族自治县图书馆与东巴文化博物馆创造了合作机会。

东巴文化博物馆作为收藏部门，其馆藏东巴古籍文献数量仅次于玉龙纳西族自治县图书馆，馆内聘有专职东巴一人长期对馆藏经书进行译作，馆内亦有如木琛这样具有较高东巴文化造诣且能够兼任文化传承人的工作人员。在开展东巴文化传承工作期间，代表东巴文化博物馆的专业保护人员与东巴文化研究院、玉龙纳西族自治县图书馆的工作人员因此也存在诸多业务往来。

在尊重既有保护业务关系并能即刻开展整合性保护实践的基础上，这三个保护部门作为构建对象其时间、空间条件较为充足。

（二）保护主体优势条件

玉龙纳西族自治县图书馆与东巴文化博物馆的馆藏量在目前收藏东巴古籍文献的机构中数一数二，但二者围绕馆藏资源开展的保护业务工作重心则各有千秋。玉龙纳西族自治县图书馆的东巴古籍文献馆藏系该图书馆镇馆之宝，除开展图书馆常规业务工作外，该馆仅有的几位工作人员本着对民族记忆馆藏遗产的珍视，先后三次组织人力申报《中国档案文献遗产名录》，并在人财物资源短缺的前提下，设立了一个简易的东巴古籍文献陈列室，向社会各界参观者展示该馆的记忆遗产。该馆具有记忆遗产资源众多、保护意识统一、记忆遗产内容完整系统等方面的优势。

丽江东巴文化博物馆的藏品类型多样，涉及各类反映东巴文化的物质与非物质文物，该馆的前身系丽江县博物馆与丽江市文物管理所，该馆内部机构设置完整，工作人员编制46人。现阶段该馆工作业务除常规性博物馆业务之外，也很重视馆内人员东巴文化专业化素养的培养，通过"走出去，请进来"的方式集聚了一批业务水平与专业技能兼具的东巴文化传承名师，并以东巴文化保护为重点，特别是东巴古籍文献保护，面向社会集中开展东巴文化传习、东巴古籍文献分类整理、记忆遗产展览宣传几项业务。该馆具有记忆遗产数量资源多、保护意识强、工作人员专业化程度高、信息传播方式广、与民间机构合作多、库房保存条件较好等方面的优势。

东巴文化研究院自1981年创建以来，40余年间在东巴古籍文献的抢救、整理和传承方面取得了一系列影响深远的研究成果。经过分类、剔重、汇编、记音、对译、意译出版的《纳西东巴古籍译注全集》，系国家"九五"重点图书。东巴古籍文献被称为世界记忆遗产，是因为该院在2000年至2003年之间，对所收藏管理的897种东巴古籍文献进行系统整理，其成果被联合国教科文组织世界记忆工程咨询委员会批准列入《世界记忆遗产名录》。除整理出版了大量与东巴古籍文献分类整理研究相关的图籍之外，该院还广泛与其他单位开展规模、内容与主题不一的业务合作，诸如摄制东巴教仪式录像资料、录制东巴诵经录音资料、联合民间东巴文化传承学校培育传承人、整合高校科研与技术资源开展基金项目申请与科研合作、申请赞助支持本土东巴文化保护等业务。该院具有记忆遗产保护业务合作关系网络广、保护意识强、保护视野宽阔、保护资源整合经验丰富等方面的优势。

综上，三个部门在保护优势方面各有侧重，根据东巴古籍文献整合性保护模式的内容，这些优势能够贯穿于各个步骤，分别以记忆遗产保护事业实施主体、收藏主体、官方主体、专业主体的身份与开展业务过程中交叉合作的管理主体、形成主体、民间主体与非专业主体充分整合，共同组成记忆遗产整合性保护业务近期运行案例。

（三）保护客体范围条件

就目前实际收藏东巴古籍文献的情况来看，玉龙纳西族自治县图书馆和东巴文化博物馆记忆遗产总体收藏量达7000多册，这些存量中除绝大部分属于东巴祭祀用经书之外，还包括与东巴文化有密切关系的东巴书信、地契、礼簿、东巴卷轴画、舞谱等。广泛的馆藏资源保护客体影响并决定上述两家东巴古籍文献收藏主体的保护业务是以分类、整理、编目并为相关专业主体提供研究与教育素材为主的形式。东巴文化博物馆在开展记忆遗产对外展览、参与东巴文化传承人认证评级等活动过程中，也与民间保护机构建立了必要的业务协作关系。作为社会公众了解认识东巴古籍文献记忆遗产的一扇窗口，该馆运用所能调控的记忆遗产保护客体资源，在保护事业中扮演重要角色。

东巴文化研究院收藏的东巴古籍文献并不多，仅有1000多册。但通过日常开展的东巴手工纸制造工艺传承、东巴口述经典音视频采集、国外馆藏东巴古籍文献译注、现散存东巴古籍文献收集、民间东巴文化传承支援与帮扶等业务，在此过程中，东巴文化研究院与记忆遗产保护事业体系内的其他官方以及民间传承机构或个人均建立了较为稳固的业务网络，这些与官方、民间各机构之间的协作关系使得东巴文化研究院具有其他保护主体无可比拟的资源优势，该院对于记忆遗产保护事业家底与发展状况一清二楚。虽然该院目前尚未开展保护过程中与东巴文化内容有关的信息记录与整理业务，但基于已有的业务合作关系，东巴古籍文献整合性保护模式运行所需的各方散存东巴文档案具有被及时建档的现实可行性。

综上可见，上述三个部门馆藏资源与保护业务的深度与广度恰好能够覆盖整合性保护模式中对于东巴古籍文献保护客体的界定范围，组成记忆遗产整合性保护客体的集中式东巴古籍文献与分散式东巴文档案资源绝大部分来源于上述三个部门，三者拥有的保护客体资源丰富，条件较为成熟。

（四）技术条件

东巴古籍文献遗产整合性保护模式的运行，需要将记忆遗产各类初始状态的隐性知识转换为易于为人所知所懂的显性知识。这个知识类型变化的过程需要东巴古籍文献遗产实体信息数据化处理的技术参与，相较于中远期信息联盟运行案例对于专业化技术的依赖程度而言，同样的技术支撑平台无须全程搭建于近期运行案例之上。

整合性保护模式基础平台涉及保护基调、理念、理论三方面的整合，结合玉龙纳西族自治县图书馆、东巴文化博物馆与东巴文化研究院之间已有的业务协作关系，三者对于整合性保护的工作意识与实践方法已达成稳定的共识，总结相关具体工作的规律，并根据整合性保护模式近期运行案例要求，提炼归纳一套整合性保护理论并在现阶段予以实施。

整合性保护模式资源建设阶段保护实践涉及记忆遗产保护主客体的整

合，上述三个部门分别作为东巴古籍文献遗产保护事业实施主体、收藏主体、官方主体、专业主体，与之开展的保护业务有交叉协作往来关系的管理主体、形成主体、民间主体与非专业主体因此具备了参与近期案例保护运行的先决条件。此外，保护客体中的东巴古籍文献与东巴文档案可视为上述三个部门的传统馆藏资源与新建档案资源，在以东巴文化研究院为主联合已有的高校合作团队编制保护客体数字化标准的基础上，新建东巴文档案与馆藏东巴古籍文献的信息资源数字化处理都可以与高校通过项目合作或与文档服务公司通过委托承包等方式，引入专业技术力量实施记忆遗产保护。

整合性保护模式保护管理阶段对于东巴古籍文献记忆遗产的有效保管宜采用馆藏库房与展厅宣传搭配的形式开展工作。宏观上依靠现有三家保护主体馆藏的记忆遗产以及新建的东巴文档案资源，借助专业文化策展类公司的规划设计技术方案支持以执行常规保管业务。微观上以共建整合性保护事业改革为契机，围绕记忆遗产开展三家保护主体内部以及三者与其他保护主体之间的保护经验与技术共享，提升记忆遗产日常的保管水平，基于示范优先的保护生态圈，构建常规化保管与应急化保管双保险的技术性工作格局。

整合性保护模式信息服务阶段的工作系三家保护主体传统业务弱项，随着记忆遗产有效保管与多元利用整合性保护目的越来越深入人心，此阶段的业务工作务必交由专业技术力量进行精细化打理。恰当的分工可以使近期运行案例内保护主体的优势资源更集中于擅长的业务，并减少由分工不均造成的业态失衡。记忆遗产信息服务业务的专业技术介入，在确保公益性质的服务不打折扣的前提下，以引入市场化运作的视角，更易于对资源投入与产出的成本与收益进行科学核算，避免资源浪费，同时，可保持信息服务商必要的竞争意识，将记忆遗产信息服务效率与用户体验始终放在业务开展的首位，破除东巴古籍文献保护事业体系内官方保护主体缺乏服务主动性与积极性的弊端。

综上，东巴古籍文献遗产近期运行案例除涉及信息资源标准化软件操作、信息开发服务两个环节的业务需要专业技术机构介入之外，其余几个工作步骤的业务均可依托现有的协作关系，朝着整合性保护事业的方向加以巩固、强化。当前的东巴古籍文献遗产整合性保护模式运行案例需要以快速、及时、便捷、节约为本进行构建，而玉龙纳西族自治县图书馆、东巴文化博物馆以及东巴文化研究院已具备记忆遗产保护业务开展过程中的一系列技术要求，整体符合构建条件。

二 案例运转准备

置于近期保护运行案例下的东巴古籍文献遗产整合性保护模式运转，在发挥三家保护主体之间已有的业务整合基础上，还需创造一个适于记忆遗产保护业务生态循环的外部理论与实践环境。鉴于模式运转的理论与实践准备工作在尚未正式实施之前都是交织并存的，本书将以模式运转推进的顺序来分析记忆遗产保护业务外部理论与实践环境准备的内容。

（一）运转前端准备

近期运行案例构建的标志之一在于确立构建对象，当符合时空优势、馆藏资源、保护对象以及技术要求这些关键条件时，即可着手对记忆遗产整合性保护委员会与秘书处、各保护主体整合性保护领导小组以及信息联络人的确立进行统筹安排以便及时挂牌上岗。围绕于此的制度管理、保护实施规则以及标准化建设等一系列规章办法将由成立后的记忆遗产整合性保护委员会秘书处组织编制。此外，保护委员会需要对整合性保护模式在近期案例运行中资源建设与信息服务阶段涉及专业技术支持的业务外包机构进行必要管理，以便东巴古籍文献遗产整合性保护模式的运营平台不仅能够承担必要的记忆遗产信息资源检索查询服务，还能成为一个记忆遗产对外宣传与交流的窗口。

（二）运转过程管理

由于记忆遗产整合性保护模式及其近期运行案例都是首次提出的理论与实践整合型业务尝试，故在前端准备阶段编制形成的记忆遗产保护制度管理、保护实施规则以及标准化建设内容需要在实践中不断加以完善和修订。虽然对于近期运行案例的构建对象——三个保护主体而言，围绕整合性保护的基调、理念和理论各方面的工作意识都已在一定程度上达成了一致，但随着整合性保护业务的展开与生态循环的启动，仍会出现不少原来业务协作中未曾有过的新问题。与此同时，挂牌成立后的委员会、秘书处、领导小组及信息联络人就是有效解决此类问题的实施者与执行者。为了确保近期运行案例的顺利运行，秘书处还需要做好记忆遗产整合性保护全过程档案化痕迹管理工作，时时积累工作经验以备归纳总结业务运行得失，在确保案例运行良好的基础上，为中远期运行案例的引入提供可资借鉴与风险规避的保护管理信息。

（三）运转后端保障

东巴古籍文献遗产整合性保护模式在近期案例运行的顺利与成功，不仅需要三个保护主体内员工对于记忆遗产整合性保护上下一致的业务意识与工作态度，更需要对依法管理记忆遗产保护事业进行科学诠释与全力践行。基于此，由东巴古籍文献遗产整合性保护委员会组织制定记忆遗产保护业务评估机制确有必要。评估机制可由内部、外部评估两个分项组成，外部评估主要是社会各界对于整合性保护模式提供的记忆遗产信息使用体验反馈；内部评估可以通过三个保护主体的自评与互评两种形式实现。自评由各个保护主体自行开展，其中评估范围可以涉及记忆遗产整合性保护员工队伍建设、保护业务水平建设、保护业务对外合作与交流建设、记忆遗产社会服务建设以及整合性保护支撑条件建设等几个方面，自评形成的评估报告可作为供其他保护主体互评以及提交东巴古籍文献遗产整合性保护委员会评审的依据材料。互评的开展则由各个保护主体自行制定评估时间进度表，并自主选定评审专家，评审后形成的鉴定结论报送东巴古籍文献遗产整合性保护委员会留存。评估机制的建立目的不是额外增加近期运行案例内保护主体的业务工作量，而在于通过以评促建的方式了解保护业务开展过程中的不足，以便及时纠正调整保护工作方针策略，确保整合性保护事业在正确的发展轨道上。

第二节 演绎分析

一 资源建设阶段演绎

东巴古籍文献遗产客体的整合，是内容的融合、收藏方的联系以及类型范围的集中统一。其组构可基于记忆遗产客体复杂多元的本质，结合保护工作的最终使命——为社会提供各类记忆遗产信息服务，通过对保护客体载体改革、更新的方式实现建设。见图4-2。

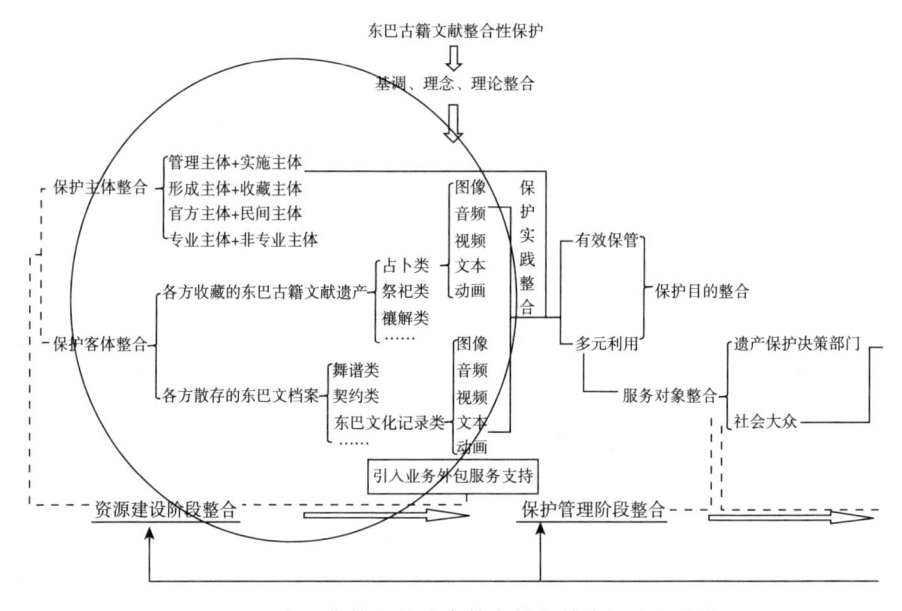

图4-2 东巴古籍文献遗产整合性保护资源建设阶段

本书认为东巴古籍文献遗产保护并不是单纯对东巴古籍文献进行合并，而是全方位对涉及东巴古籍文献以及东巴文化相关记忆遗产的档案进行整合。这个整合过程，不仅包括对实体类保护客体对象的组织、管理、保护与利用，而且更是对数据类保护客体资源的梳理、辨析、界定与开发。因此，面向东巴古籍文献遗产实体与资源整合性保护全流程保护工作的开启，依托对各式各样遗产资源进行最基础又最必要的筛选业务——组构。

记忆遗产保护客体整合的组构在整合性保护工作后续各项环节中起到承上启下的作用，也为此后各阶段工作一如既往保持高质量做好铺垫。在充分兼顾东巴古籍文献与东巴文化档案朝着全面系统建设整合性保护客体资源方向发展的前提下，结合档案管理学理论知识，本书提出记忆遗产保护客体整合组构工作可分为三个步骤，即记忆遗产实体与资源的征集、鉴定与整理。

（一）保护客体资源的征集

基于东巴古籍文献遗产整合性保护客体的范畴界定，属于东巴经典籍的资源在东巴文化研究院、东巴文化博物馆以及玉龙纳西族自治县图书馆三个保护主体中均有数量不少的收存，而在东巴文化档案资源中，由于艺术创作类资源兼具实物档案、文物、科研素材等属性，故定位为科研机构、文化事业机构的三个保护主体或直接或间接相关，这类资源即为已有资源。然而，东巴文化档案范围内的社会生活类与伦理道德类资源因自身内容的广泛性与群众性而大量存在于民间，这类资源即为待扩资源。因此，记忆遗产整合性保护客体资源的征集可以通过两个阶段分步骤的方式进行，先针对已有资源进行整合性集中，在此基础上，再对待扩资源进行整合性征集。

无论哪一个阶段的资源征集，其过程的操作顺利与否均存在一个前提，即需要付诸技术性与非技术性双重手段。简而言之，东巴古籍文献遗产整合性保护客体资源征集工作的开展，有三项要求在两个阶段中有共通之处。

1. 征集需要政策支持

无论是对已有资源抑或是待扩资源的征集，具体工作的开展均有赖于东巴古籍文献遗产整合性保护的顶层设计，近期运行案例中涉及的三个保护主体务必要在合作机制框架平台上来谈整合。为平台上拟开展的各项工作构建好征集联络员制度也是确保工作实施的重要条件，此外，专项经费的划拨与使用制度也是保证征集工作顺利运行的根本。

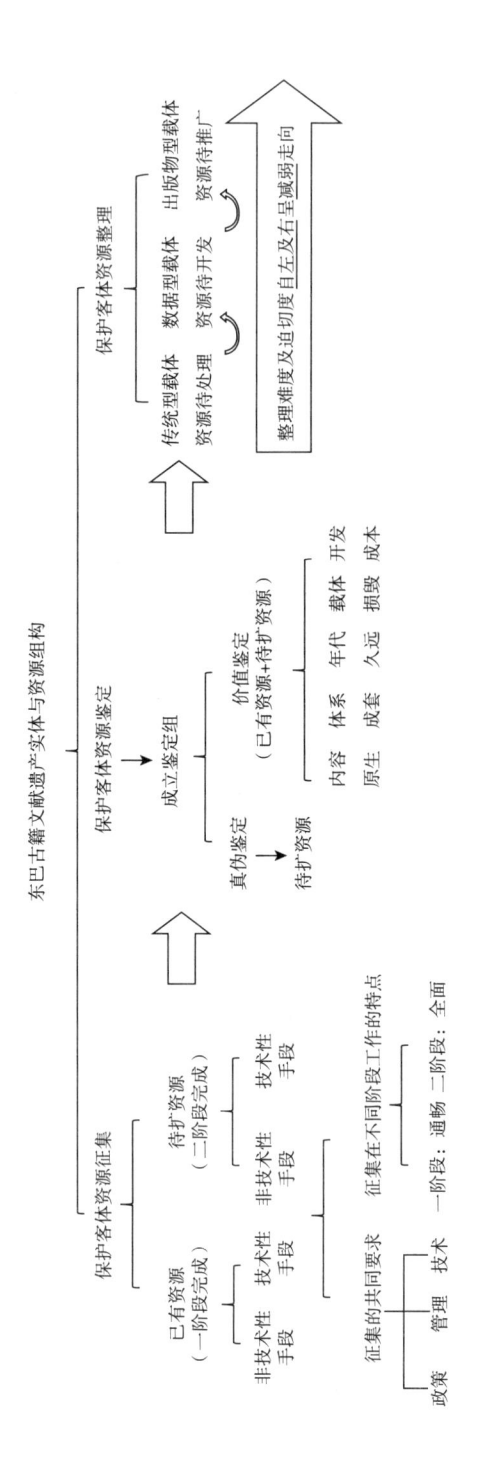

图4-3　东巴古籍文献遗产资源建设演绎

2. 征集需要管理保驾

征集业务的年度计划制订是确保工作按部就班且循环往复的基础与参考，而完成计划并向主管记忆遗产保护事业的整合性保护委员会汇报年度总结也是让外界了解并认可年度资源建设工作成绩，尤其是针对专项经费使用效益工作答复的关键手段。将上述计划制订与任务报告的相关内容折为考核参与者或机构的指标，是当前业界较为通行的办法。

3. 征集需要技术护航

对已有资源进行数据分析是初始征集工作常用的方法，即对三个保护主体的馆藏遗产资源，去粗取精、去除重复，以便于开展有序的数字化进程。与此同时，较高质量的资源更适于进行各类信息开发与利用，如围绕东巴文化相关主题的会议研讨、文化展览或文化创意服务将广泛得益于此前对资源基础的良好建设。

由于整合性保护客体征集工作在面对不同阶段的对象资源存在内容、形式、载体等多方面的差异，征集工作在具体实施中需要明确此间业务的要求与关键。对已有资源进行集中时，须以通畅为本。打通三个保护主体之间技术性与非技术性壁垒，在以组织与推进征集联络员例会为关键方式的基础上，确保已有资源的充分流动与共享；对待扩资源进行征集时，须以全面为本。坚持全面系统构建东巴古籍文献遗产整合性保护客体资源，依靠整合性保护委员会的协同与合作，借助各类会议、展览等有社会影响力的倡议与号召，合力促进记忆遗产资源的聚拢与回归。

（二）保护客体资源的鉴定

鉴定工作是确保东巴古籍文献遗产整合性保护客体资源建设质量的又一关键节点。结合档案管理学理论知识对鉴定的阐释，此项工作应当在专业小组的统一领导下，分别对征集得来的保护客体资源进行真伪与价值的双重辨析。为了保证鉴定工作的科学合理与客观公正，专业小组的成员可以从以官方收藏方、民间收藏方以及少数民族古籍科研院三个来源为主的范围内选取与组建。

就鉴定工作的开展而言，对于真伪的辨析主要针对的是待扩部分的资源,已有资源系近期运行案例中三个保护主体早年收存的馆藏品,这批藏品数年以来内容与数量均是恒定的,故不再需要重复真伪鉴定。对于价值的辨析则是已有资源与待扩资源均需认真梳理的工作。根据两类资源的内容、范围以及保存实际等情况,本书认为东巴古籍文献遗产整合性保护客体资源的价值鉴定需从以下五个方面展开具体业务。

1. 鉴定保护客体资源的内容原生性

保护客体资源内容的原生性不仅在于反映东巴经典籍以及东巴文化社会生活类档案的正宗,更可体现东巴文化艺术创作与伦理道德类档案的纯粹与质朴,并能追寻东巴文化发展与传承过程中的创新与变迁。通过资源鉴定的重新审视,可以遏制为迎合市场与大众消费需求有意曲解东巴文化而产生的文化变异产品,保持保护客体资源的根正苗红。

2. 鉴定保护客体资源的体系成套性

据本书实地调研,不少东巴经典籍都存在多部经书连串组成一个完整仪式或神话故事的现象。现实中,收藏于近期运行案例涉及的三个保护主体馆藏中的东巴经典籍,也有一部分是通过二次倒卖后获取的。而典籍内容中的象形文字鲜为人知,导致保护主体对于馆藏家底的数量与质量、分类与目录等具体情况的掌握尚未踏入均衡且同步发展的轨道。此外,很大部分属于东巴古籍文献遗产中艺术创作类的东巴文化档案实际上或多或少是为配合东巴经典籍内容演绎完整仪式活动的素材。在历史进程中,诸多原因导致反映同一项东巴文化仪式或社会活动的各类记忆遗产资源变得零散。作为首批进行整合性保护建设的东巴文化研究院、东巴文化博物馆及玉龙纳西族自治县图书馆,记忆遗产实体资源藏量巨大并不等同于内容体系完整,故在开展东巴古籍文献遗产整合性保护客体的资源建设之初,应通过鉴定环节力求体系成套,确保记忆遗产资源的完整充实。

3. 鉴定保护客体资源的年代久远性

东巴古籍文献之所以称为记忆遗产,在于其主体组成部分的东巴经典籍具有天然与古老、贵重的文化遗存关联的纽带,这类"高龄"古籍在鉴定过程中自当获得格外珍视。与之相关的东巴文化艺术创作类舞谱、口述史、神路图、碑刻铭文、仪式道具以及社会生活类医书、地契、文书、手工纸抄造技艺等档案资源也因产生与使用时间与东巴经典籍前后相随,故此部分遗产均应在鉴定中得到同等关注。此外,基于全面系统的视野,除了形式上符合年代久远属性的遗产外,还应对神态上延续古老传统东巴文化的创新性档案资源持谨慎且客观的鉴定态度。将鉴定眼光放在长远发展的基础上,对于能够真实反映悠久东巴文化,又可随着时代发展步调进行有原则、有内涵地创新传承的保护客体资源,应结合开发资源为社会服务的理念进行合理的鉴定。

4. 鉴定保护客体资源的载体损毁性

东巴古籍文献遗产保护客体已有资源均产生于历史较早时期,其珍贵的文化遗存性与残破的文物存在性形成了强烈的对比。凡涉及古籍文献的鉴定工作,本着高效有序开展抢救与修复业务的目标,均会遵循一定的定级标准原则以便分步骤分手段指导实践实施,此项工作在汉文古籍范围内已有体系化参照方案。例如,2001年中华人民共和国文化部令第19号《文物藏品定级标准》和附件"一级文物定级标准举例"明确了古籍善本藏品定级的有关精神,依据编纂《中国古籍善本书目》时提出的鉴别善本古籍的"三性原则"[①],2006年中华人民共和国文化部发布并正式实施的《古籍定级标准》,以及2015年由国家档案局技术部与中国人民大学信息资源管理学院共同起草的《纸质档案抢救与修复规范》(第1部分至第4部分,征求意见稿)。鉴于汉文古籍与纸质档案相关标准建设的完备,结合记忆遗产载体损毁情况的现实严峻性,本书认为针对东巴古籍文献遗产编制统一的定级标准必要且迫切,这将有利于为遗产保护客体资源等级认定提供依据,从而配备最合适的保护手段。

基于记忆遗产保护客体资源界定时的划分方式,东巴古籍文献遗产整合性保护客体的已有资源以纸张为主要载体,兼有部分布料与木质载体,由于成型时间早,使用与保存环境较差,这些传统载体的遗产残破率极高。相对于待扩资源大多由数据组成而言,涉及载体残损环节的鉴定工作针对

---

① 三性原则:指认定古籍所具有历史文物性、学术资料性和艺术代表性价值的准则。分别是"不唯时限原则"、"等次上靠原则"以及"等次下调原则"。

的是传统载体材质的遗产。本书认为，东巴古籍文献遗产载体鉴定，应参照残损等级划分，以遗产内容与外观为体系，从内容从属的类型以及外观包含的纸张酸化、粘连、残缺、污染、糟朽、字迹洇化扩散褪色、霉变及虫噬鼠咬几个方面予以统一考虑。

5. 鉴定保护客体资源的开发难易性

东巴古籍文献遗产整合性保护初期运行模式涉及的参与主体虽然只有三个，但馆藏近8000卷的总量却非小数目。整合性工作的开展将围绕东巴古籍文献遗产保护的方方面面进行，千头万绪中仍需按照一定的步骤有序推进各项业务。基于东巴古籍文献遗产整合性保护客体资源为各项业务开展圆心的思路，针对资源开发难易度进行鉴定，在集合最恰当的人财物力资源协助的前提下，给予整合性保护客体资源一定的开发顺序，确保记忆遗产整合性保护整体业务的推进始终不偏离必要的秩序。

结合当前实际，本书认为，对于开发难易度的鉴定应该至少围绕以下两个方面的标准实施。即保护客体资源的经典性与普及性。经典性是指无论内容、种类、载体或成书等各方面都拥有悠久传统的一批纯粹的保护客体资源；普及性是指围绕传统东巴文化产生、形成且能随着时代发展继续创新存续的一批易为公众接受与熟知的保护客体资源。前者由于属性的严肃性与古老性，其开发难度最大，加之载体破损残缺等客观条件所限，需要辅以更多的人财物力资源投入，且部分待开发资源的内容转化为易被市场接受的途径有限，这部分经典遗产需要长期专项资金的支持方能获得理想的效果；后者由于属性的多元与丰富，其开发难度较小，所需各项资源投入的成本较低，易于借助新媒体、新技术等多种途径制作出更符合现代人审美的多种途径的文化创意产品，其成果易为市场普遍接受。上述两种开发标准，虽然投入产出的比例有差距，但这种差异也恰如当今市场各类用户需求"众口难调"的现实，因此，本书认为两种标准都应该稳步推进，二者的最终目的均是实现东巴古籍文献遗产整合性保护的社会服务。

（三）保护客体资源的整理

结合保护客体对象形成年代不易查考的属性以及记忆遗产整合性保护

目的在于提供服务等信息，本书认为，针对东巴古籍文献遗产资源的整理，可以结合资源载体、损毁度与开发度三个标准予以划分。

1. 资源载体标准

东巴古籍文献遗产保护客体资源的载体多种多样，以载体划分作为主要整理依据的方法有助于全面理顺各项遗产资源类型，便于后续数字化工作的开展，利于整合性保护模式的建构。根据现有东巴古籍文献遗产的组成对象与范围类型，结合整合性保护近期运行案例的收藏主体馆藏客观状况，本书认为，可将组构整合性保护客体的载体分为三类，即传统型载体、数据型载体、出版物型载体。如表4-1所示。

表 4-1 东巴古籍文献遗产保护客体载体分类状况

载体类型	传统型载体	数据型载体	出版物型载体
开发程度	待处理	待开发	待推广

表4-1中传统型载体是指三个收藏主体均有收录的以东巴经典籍、东巴舞谱、东巴神路图画卷、祭祀用纸牌木牌画、医书、账簿、文书等书写形成于传统东巴手工纸或木制载体之上为主要组成部分的保护客体，以及少量拍摄于早期、以胶片映像为表现形式、反映各类东巴活动场景的历史记录；数据型载体是指以东巴文化研究院为业务主体，将流失并收藏于海外各类文化机构的馆藏遗产按照一定格式转录制成，以供国内学者释读编译之用的东巴经典籍电子资源以及科研或保护业务开展中摄录制成的有关东巴祭祀、东巴唱诵、东巴手工纸抄造等东巴文化活动电子记录资源；出版物型载体是指以东巴文化研究院为技术主体，在抢救民族古籍以及传承民族文化过程中，借助书籍、视听等方式进行编纂而形成的一系列面向社会使用的诸如《纳西东巴古籍译注全集》《中国少数民族古籍总目提要·纳西族卷》《云南民族古籍论丛》《纳西象形文字谱》等记忆遗产资源。无论哪一种载体类型，现阶段都有一定的存量，根据它们所处的开发程度做出阶段性划分，有利于在接下来的步骤中运用更为合适、恰当的数字化技术对记忆遗产进行整合性资源建设、保护实践以及信息利用。

2. 损毁度与开发度标准

损毁度的标准集中于对纸质类记忆遗产的判定,而纸质类保护客体资源是整个记忆遗产重要且关键的组成部分,故在划定分类整理要素时应将其作为一项标准予以参照;开发难易程度的考虑在于充分预估后续工作的投入比例,其中尤以记忆遗产资源数字化开发与服务保护目标的实施为主。而分类整理的目的在于实现遗产资源更科学的保护以及更合理的利用,由此,以开发度作为分类整理要素的作用不言而喻。

综上,东巴古籍文献遗产保护客体资源的整理可参照下列分类方法推进,即资源载体——损毁度——开发度的复式分类法。详见图 4-4。

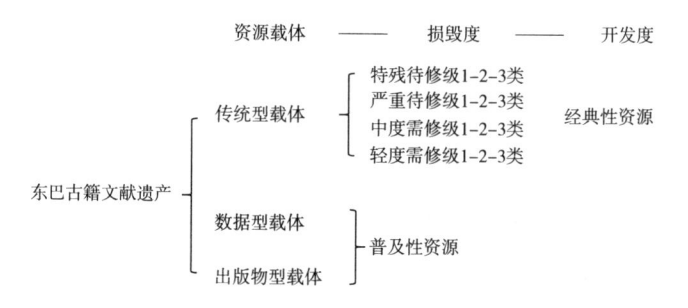

图 4-4 东巴古籍文献遗产保护客体资源整理分类

(四)记忆遗产信息数字化处理

不同载体类型的东巴古籍文献遗产数字化处理状况见表 4-2。

表 4-2 不同载体类型的东巴古籍文献遗产数字化处理状况

载体类型	传统型载体	数据型载体	出版物型载体
数字化处理	层次1 素材 层次2 待处理	素材 待开发	素材 待推广

1. 两个层次数字化处理的内容

基于对记忆遗产整合性保护客体的组构，按照载体划分的内容初始形态各异，需要进行必要的数字化处理。鉴于表4-2所示三种载体形态名称均是依托实际东巴古籍文献遗产保护客体对象做出的概括性归纳，各载体类型内部也存在事实上的载体格式与状态等方面的差异，因此，每一项载体类型内部都需要针对"处理"、"开发"与"推广"的目标，借助数字化技术做出调整和完善，此为第一层次的数字化处理；每一项载体类型按照一定标准统一了阶段性目标后，处于开发利用末端"待处理"的传统型载体遗产资源又需为实现推广做出准备，因此，从传统型载体到数据型载体再到出版物型载体，东巴古籍文献遗产信息资源借助数字化技术支持，实现的将是信息质量、服务方式与利用手段的飞跃，此为第二层次的数字化处理。

2. 第一层次数字化处理技术

对于第一层次的数字化处理，具体可以根据三种载体形态保护客体的实际素材，从如下三个方面分别予以实施。首先，传统型载体可采取以高清扫描、高清拍摄为主的方法，将书写于东巴手工纸或刻于竹木等载体上的象形文字，或者胶片材料之上的图像信息转化为记忆遗产数据资源，操作期间需做好规范的格式标准建设；其次，数据型载体可通过以数据库建设、图像音频视频处理以及网站微信平台构架为主的手段，将记忆遗产数据信息进行模块化、主题化、类型化建设，操作期间需做好数据资源的培育；最后，出版物型载体可基于以"传统媒体+新媒体""线上+线下"整合为主的途径，充分面向社会各界需求，将东巴古籍文献遗产信息资源开发为活态化记忆遗产，操作期间需注意做好资源可供用户多元选择的准备。

3. 第二层次数字化处理技术

对于第二层次的数字化处理，具体可以结合东巴古籍文献遗产整合性保护的最终目的，即社会记忆服务于民、传承于民的初衷与使命，充分整合"待处理"、"待开发"与"待推广"三个阶段的数字化任务，从如下三个方面依次有步骤地开展建设。首先，以统一引入"业务外包"的形式实现东巴古籍文献遗产传统型载体的全面数字化；其次，以统筹规划开展市场调研的手段实现面向用户需求为导向的东巴古籍文献遗产数据型载体的编研；最后，以整合资源运用大数据技术以及成本效益核算的途径分析各类型东巴古籍文献遗产资源。

二 保护管理阶段演绎

东巴古籍文献遗产资源建设是整合性保护事业运行的基础，对整个保护事业而言，对整合性保护客体资源进行具体保管实践不仅意味着记忆遗产数据运行有安全保障，而且能够借助多种联动合作保护机制达到拓展社会参与保护工作的广度与深度，从而推动记忆遗产隐性知识显性化的进程，更有利于做好记忆遗产信息资源的开发与服务。可以说，东巴古籍文献遗产的保护实践工作，是承接记忆遗产资源建设与信息开发服务的中枢。其中，各项实践工作不仅涉及具体的保护技术方案，而且有围绕保护技术的实施与控制产生的各类保护管理措施。本书根据东巴古籍文献遗产现阶段保护工作开展的实际，将从常规化保管与应急式保护两个方面对保护实践各项工作进行分别论述。值得注意的是，虽然上述两个方面的分析针对的均是东巴古籍文献遗产整合性保护客体实体与数字资源，但由于本书对当前最具可行性的记忆遗产整合性保护近初期运行案例进行系列论述，基于此案例运行的整合性保护模式所模拟的资源运行以数字形式为主，因此，本书对保护实践的分析方案也将从适合记忆遗产数字资源操作的角度展开。

（一）常规化保管业务工作

1. 做好记忆遗产信息资源的数据著录

著录是一项重要却常易被忽视的工作。基于档案管理学理论，著录是档案工作八项业务环节之一，在以纸质档案为工作与科研重心的时代，著录工作的理论知识隐藏于《中国档案分类法》与《中国图书馆分类法》等专业性极强的工具书之中；在以电子档案为工作与科研重心的时代，著录工作的理论知识在档案管理学体系中除了增加部分电子文件的技术处理要素外，其内容相较于其他七个业务环节而言，显得跟不上学科整体发展的步伐。事实上，实施著录手段后形成的各类检索工具于信息资源开发利用

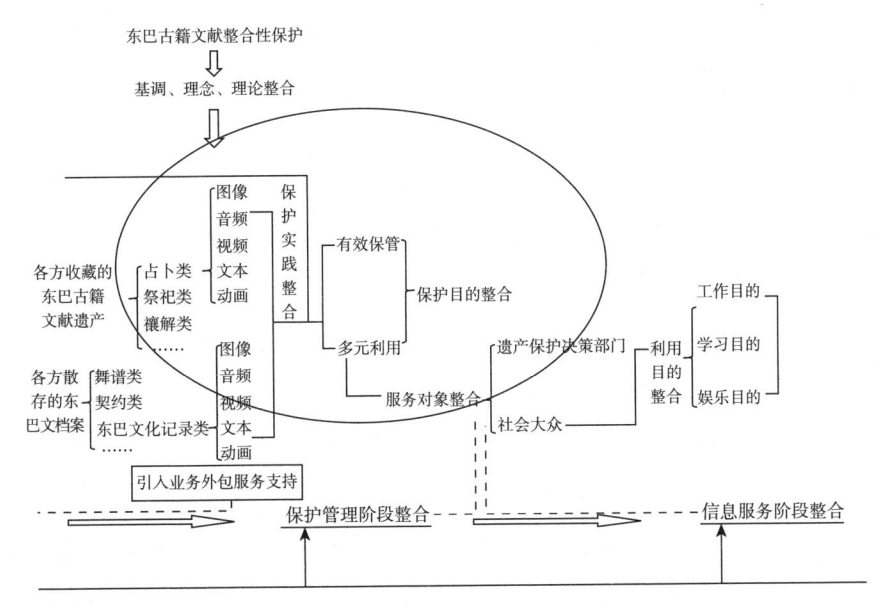

图 4-5　东巴古籍文献遗产整合性保护管理阶段

而言至关重要。信息检索技术不仅为社会普通利用者提供便利化信息查询，更能为专业利用者搜罗与收集数据资源提供深度文献分析与处理技术。这项彻底实现了信息全球化无障碍交互的技术，其本质便是数据著录的支持。本书认为，随着新技术、新载体的不断涌现，针对记忆遗产保护客体信息资源进行著录的工作将是既古老又新鲜的一项业务。通过这项数据著录，东巴古籍文献遗产整合性保护事业初期运行模式中的三个保护主体能彻底理清各自的遗产家底，全面了解自身的资源体系；助力保质保量地实现整合性保护目标；便于记忆遗产资源开发，为大众提供原汁原味的文化服务；形成记忆遗产整合性保护工作管理的痕迹数据，有利于中长期模式运行建设参考，避免造成保护客体资源的重复或浪费。

著录工作能够服务于东巴古籍文献遗产整合性保护开发，故著录范围应当覆盖记忆遗产整合性保护客体全部资源。以精确、细致的原则，对东巴古籍文献遗产资源的名称、来历、内容梗概、形成时间、数量与载体形态、损毁定级、用途功能等信息进行系统描述。最终形成以记忆遗产目录、整合性保护模式中检索系统以及记忆遗产主题选编为主的一批著录工具。其中，记忆遗产目录可由实体馆藏目录与电子数据库目录两个部分组成。鉴于近期运行案例中的三个保护主体尚未建立针对东巴古籍文献遗产的馆藏目录，在整合性保护实践开展之际，可一并按保护客体资源分类整理的资源载体——损毁度——开发度的复式分类标准，在三个保护主体内编制确切的馆藏目录。而电子数据库目录则是在馆藏目录的基础之上编制的数字化目录信息，此举可使各保护主体内部的记忆遗产馆藏情况更加明确，便于整合性保护资源构建共同的著录工具；整合性保护模式中的检索系统是基于东巴文化研究院、东巴文化博物馆以及玉龙纳西族自治县图书馆三个保护主体的记忆遗产馆藏目录集中提炼而来的索引工具，其反映于记忆遗产整合性保护模式中的模型由库内总搜索引擎以及遗产资源共享平台上的信息导航两个模块所组成。总搜索引擎负责提供记忆遗产数据信息的查全，参照保护客体资源划分标准而设计的信息导航则负责提供记忆遗产数据信息的查准。置于整合性保护模式内的记忆遗产信息资源应运用语义分析等数据技术，精细地做好遗产信息关联，为高效准确提供东巴古籍文献遗产文化共享服务；记忆遗产主题选编的制作有利于为有不同文化需求的用户提供更具个性化的记忆遗产信息服务。基于东巴古籍文献遗产保护客体的多元载体与丰富内容，可选取记忆遗产中某一主题，结合相关载体类型，编制记忆遗产照片集、影像集或经典文献选集等书籍。如选取东巴古籍文献遗产中关于纳西族先民开创天地辛勤劳作的主题，结合已有的纸质东巴经典籍内容，编制适于青少年群体阅读的东巴文化创世纪系列绘本；也可选取东巴古籍文献遗产中关于祭署（自然神）的仪式主题，结合已有的音视频口述记录内容，举办适合大众参观的东巴文化民俗活动系列展览；还可选取东巴古籍文献遗产中关于东巴象形文字书写的地契、文书的历史文献主题，结合已有的纸质东巴文化档案内容，编制适合有历史学、文献学、民族学及文字学等学科背景的科研工作者查阅参考的东巴文化发展系列民族历史档案文献选编。

2. 实施面向记忆遗产实体与信息的安全保管

档案安全保管对于整个档案管理工作而言至关重要，守住档案载体与信息的双重安全这条底线，才有资格与能力去谈进一步的开发利用。东巴古籍文献遗产虽然不如档案那般从内容上严格划分为秘密、机密与绝密的等级，但在保管环节所需开展的工作质量与数量方面，确实有异曲同工的诉求。结合东巴古籍文献遗产目前在三个保护主体内馆藏的保管现实，为实现整合性保护近期运行案例所需的常态化安全保管目标，本书认为有三个方面的策略应当予以实施。

（1）应构建完善的保管条件。据笔者实地调研，涉及记忆遗产整合性保护近期运行案例的三个保护主体无一例外地都存在保管库房软硬件缺失的现象。如东巴文化研究院内尚无规范化的保管库房，东巴经典籍只是简单用麻袋装套后，堆放在一个空房间内；东巴文化博物馆仅有一个通用的藏品库房，用来放置各种不同载体类型的馆藏品，有关专业保管的设备则限于条件而未曾配备；玉龙纳西族自治县图书馆在新馆内专设一间古籍保管室，并对部分馆藏东巴经典籍进行了简单陈列与展示，但围绕安全保管的设施仍然紧缺。鉴于三个保护主体馆藏遗产均属古老珍贵的纸质东巴经典籍，部分藏品从表面上看已有众多斑污，看上去残破不堪，笔者就这批濒危藏品的修复问题请教了保护主体机构内的保管人员，得到的答复存在一致性，即保管修复制度中对于工作人员责任与权限规定的缺失是制约大家动手修复的总体原因，而针对性培训与修复经费的缺失则是阻碍具体实践开展的本质所在。针对东巴古籍文献遗产极旧载体与电子化载体并存的实际，其保管条件的提升与完善，需从库房与设施硬件提升以及保管制度、保管员培训与修复专家团队软件建设与完善等方面加以改造。虽然三个保护主体保管库房与设施配置有高有低，但均处于专业保管最初级阶段，因此，可借记忆遗产整合性保护实施契机，从库房面积、位置、建筑要求、装具布置、门窗设置、温湿度检测调控系统、漏水报警与消防设备、通风换气设备、防盗防护设备等硬件方面对库房与设施实行统一改造。对于三个保护主体均有所缺失的软件保管条件，则应当通过构建包含保护机构与人员、基础设施、资源建设、保管与开发、信息化建设、奖励与处罚等具体要求在内的东巴古籍文献遗产保护法规予以参照，基于此制度延伸，落实记忆遗产保管修复业务培训，并组建修复专家团队以供持续使用。

（2）应认同客观的保管原则。分散于三个保护主体收藏的东巴古籍文献遗产在内容方面虽然各有侧重，但在面对保管修复时，总体而言仍然可以采取相同的保管方案，在此之前，涉及保管修复工作的保护主体应当保持一致的保管意识以利于工作顺利开展。本书结合记忆遗产保管实际，认为涉及整合性保管的原则在于对技术为主、防治结合以及统一标准、改善基础两个层面意识与观念的遵循。鉴于三个保护主体所藏东巴古籍文献遗产大部分系破旧程度不一的传统纸质、布料、木质载体典籍与东巴文化档案保护客体资源，相较于以预防为主，防治结合更具适应性与可行性。与档案保护防范技术[①]强调管理式保管不同的是，选择具体的保管技术于东巴古籍文献遗产整合性保护近期运行案例所需打造的软硬件业务环境而言最为迫切。如修旧如旧技术、纸张去污洗涤技术、可逆式加膜技术等，均是适于当前东巴经典籍与部分使用年限较长、污损较严重的东巴文化档案的治理技术。相关的具体操作技术要领，将在后文中根据东巴古籍文献遗产的载体种类予以阐述；统一标准、改善基础的原则是针对目前围绕保管工作发展水平有所差异，而整合性保护近期运行案例将立足于发展水平趋同平台的客观需求而提出。三个保护主体馆藏记忆遗产保管软硬件水平建设的趋同性追求，有利于确保后续工作环节均能接收到质量一致、格式规范的记忆遗产整合性保护客体资源。笔者认为，东巴古籍文献遗产保管工作至少应当在专门的遗产存放空间、各类型遗产资源的专属保管员、一致的库房保存环境与保管业务水平三个方面出台统一的标准。这些标准的制定可以与库房建设要求等规定结合在一起考虑，打造易于进行东巴古籍文献遗产整合性业务生态循环所需的保管环境，也可以基于档案防范技术一并借助可靠的手段予以实施。

（3）应实施可靠的保管手段。东巴古籍文献遗产常规化保管手段因遗产载体类型的不同而表现多样，简而言之可以从两个方面进行归纳，即预防类保管与修复类保管。

[①] 根据档案管理理论知识，档案保管系档案管理工作八项环节之一，而保管环节中又包括了多个方面的防范原则和技术，具体内容即防火、防盗、防紫外线、防有害生物、防水、防潮、防尘、防高温、防污染等。

就预防类保管而言，需要针对既往与潜在的保管风险做出均等考量，结合记忆遗产所需的保管状态，本书拟从库房内外部基础设施与环境两个层面与标准对比进行分析。记忆遗产保管库房的内外部基础设施与环境于整合性保护近期运行案例中的三个保护主体而言，其状态与发展均不够理想。参照《档案馆建设标准》①（建标103—2008），以东巴文化研究院为例，2012年本课题组首次前往东巴文化研究院调研时，得知库房是院内二层建筑物中任选的空房间，并未安装任何保管设施，东巴经典籍仅仅堆放于水泥地面，2015年第二次前往时保管条件仍未有所改善；玉龙纳西族自治县图书馆库房系馆内二层建筑面积约60平方米的房间，室内仅有窗帘等简单防光处理，遗产藏品以木制或金属制箱柜为存放器具，藏品数量居首却未配备相应的温湿度、隔热、防潮、防水、防火、防盗等基础设备；东巴文化博物馆库房靠近黑龙潭，整个区域湿度较大，其内部未曾根据藏品载体不同而做有效的分区存放管理，亦缺少基本的防潮防水等防护设施与安全监控系统。该馆内工作人员表示有搬迁的计划，但截至本书写作之时仍未能成行，而库房保管条件亦日渐简陋落后。基于此，三个保护主体的库房从保温、隔热、温湿度控制、防潮、防水、防日光、防紫外线照射、防尘、防污染、防有害生物和防盗等防护要求来看，均未能满足标准的建设要求。鉴于此，值记忆遗产整合性保护建设之际，针对三个保护主体的预防类保管可从库房建筑升级、库房功能完善、内部保管环境构建、内部保管工具强化四个方面入手。

3. 保护主体开展的预防类保管手段

（1）库房建筑升级。东巴古籍文献遗产保管库房建筑可从地理位置、规模大小、水电通风、外围环境、内部分区等几个方面进行适当的升级。在不改变现有馆址方位的前提下，保存馆藏品的库房平面布置尽可能进行远期使用规划；借鉴档案馆建设级别的县级三类标准要求，按照功能分区，以功能合理、流程便捷、避免交叉为原则布置各类用房；在库区内入口处

---

① 按照《档案管建设标准》的规定，我国档案馆地理位置的选择应符合：工程地质条件较好、环境条件较好、便于档案提供利用以及有利于档案馆长期发展四个条件。

增设过渡间，出入库内应及时更换衣服；严格执行防火规范，存放记忆遗产的库区需设置火灾自动报警设施，采用相应的灭火系统并设置门禁、报警、监视监控等安防系统；存放遗产的库区不应设置除消防以外的给水点，且其他给水排水管道不应穿越库区；库区电源总开关应设于库区外，用于存放和展示东巴古籍文献遗产的库房的电源开关应设于库房外，并应设有防止漏电、过载的安全保护装置；库内应购置独立控制的空调，将库内温湿度控制在温度为14℃～24℃、相对湿度为45%～60%的理想区间。

（2）库房功能完善。东巴古籍文献遗产保管库房功能可从库内存储容量、库房围护结构等方面进行适当的完善。结合东巴古籍文献遗产现存数量以及不再大规模增扩入库的客观实际情况，基于三个保护主体现有的库房条件无法承受密集架改造而东巴经典籍尺寸与双面档案架不符的前提，笔者认为五节柜最适于存放记忆遗产。按不分类整理标准分开存放于柜中的东巴古籍文献遗产，不仅形成了一个个相对独立的环境，这些小空间还易于防火确保安全。此外，还需注意库房围护结构，即包含了屋顶、墙体、门窗和地面在内的库房六面体构造。通过这些围护结构为档案材料提供一个适宜的环境条件，起到控制温湿度、防光、防尘、防虫、防有害气体、防盗、防火、防震等多种作用。在无法改造现有库房屋顶与墙体结构的基础上，结合三个保护主体库房窗户布置均较为符合标准的事实，可进而对库门的隔热、地面的防潮进行有效完善。存放东巴古籍文献遗产的库房门应将现有的普通门做成保温门，或增设一道过渡间进行隔离，并设双道密闭门；库门的开启扇应有密封措施，库门的制作材料应选择隔热性能好的PVC等材料，并兼顾防火、防盗需求；鉴于玉龙纳西族自治县图书馆库房位于馆内二楼，即顶楼的一端，还需做好库房屋顶与外墙的防水防潮处理；三个保护主体库内地面均需要进行防潮处理，可采用架空地面的改造方式，将地面基层和库房地面之间留出一定的空间，而库内可将库房地面与五节柜等装具底层之间留出一定空间来实现地面防潮双保险，以确保库内温湿度稳定；记忆遗产库房还需注意防震功能的强化，调研得知，三个保护主体库房均能达到国家标准抗震等级，然而，鉴于丽江地区本身处在地质灾害多发的区域，历史上也曾经发生过破坏性较大的地震，应做好东巴古籍文献遗产备份迁移的日常管理工作。

（3）内部保管环境构建。东巴古籍文献遗产库区内部保管环境可从库内温湿度控制、防光、防空气污染、生物侵害防治几个方面进行系统构建。温湿度与馆藏品的寿命密切相关，不适宜的温湿度不仅可以单独作用于记忆遗产，而且能够加速其他因素对藏品的破坏。为了使保存环境的温湿度符合要求，需要注意采取诸如密闭防潮隔热、通风调温调湿、增温、降温、加湿和去湿等措施，对保护主体存放东巴古籍文献遗产的库房温湿度进行调节和控制；光对东巴古籍文献遗产的危害性非常大，无论是直接的破坏还是光氧化反应，均会改变记忆遗产物质内部能级与能量，引起物质结构与性能的变化，从而影响遗产保存寿命。然而，东巴古籍文献遗产在利用和保管的过程中不可避免会遇到光，光的破坏是必然的。因此，必须采取诸如选择白炽灯与荧光灯等合适照明光源、使用环境中避免紫外线、使用低功率人工光源照明、制成复印件或翻拍件等防光措施，加强档案利用和保存中光线的控制，减少光对文献遗产的损害；东巴古籍文献遗产存放在充满空气的环境中，空气质量是影响记忆遗产保存的主要因素之一，空气污染不仅会降低记忆遗产载体的机械强度和物理性能，也会污染遗产实物表面，导致腐蚀与霉变。结合实际，可采取购置空调设备净化空气、定期清扫库房、出入库房更换工作服与鞋子、于库房门口安装风浴设备等手段杜绝污染源；东巴手工纸虽可防虫抗蠹，但在经年累月的风霜洗礼下，仍会招致一些生物虫害的侵袭，此外，东巴文化档案中的音像材料系合成高分子材料，也可能受到有害生物侵蚀。应格外注意库内微生物与部分生物对东巴古籍文献遗产的损害，通过严格温湿度控制、清扫等常规化工作避免霉菌和细菌污染，采取统一的记忆遗产质量检疫、定期检查、定期杀虫等方法杜绝生物侵害。

（4）内部保管工具强化。东巴古籍文献遗产库区内部保管工具可从选用合适的装具、安装安全保护设施两个方面进行配置与强化。根据收藏东巴古籍文献遗产的保护主体现有库房的客观条件，在选择配备记忆遗产的装载工具时，既要考虑坚固耐久、不损害遗产对象功能要求，也要考虑直观易于管理、经济适用，在最大限度利用库房空间的前提下，使之具有一定的拓展性。在开展东巴古籍文献遗产整合性保护过程中，会有一些新型载体补充入库保存，由此，随着记忆遗产保护客体的种类和形式变化，库内装具的形式、材料、放置方法等应具备配套跟进的潜力。结合实际，东巴古籍文献遗产整合性保护近期运行案例的三个保护主体可选用金属柜作为装具，柜具的节数可根据各家保护主体库房的具体面积而定，如东巴文化研究院和玉龙纳西族自治县图书馆的库房系单独作为东巴古籍文献遗产保管之用，库内房高大约为2.2米，五节柜能够放置入内，而东巴文化博物馆由于库房保管的馆藏品不止东巴古籍文献遗产一个对象，库内已经有布局，五节柜则可改为三节柜作为记忆遗产存放装具。放置时应注意将装具垂直于有窗的墙面，并与管道通风孔开口方向相对应；鉴于库房消防与安保设置的必要性与重要性，三个保护主体应当严格遵循相关管理规范，以在库外设置人工灭火装置、安装库区火灾与防盗自动报警系统三种手段构筑库区安全网络体系为建设目标，定期检查已有的人工灭火装置效能与自动报警系统的灵敏性，以确保存放东巴古籍文献遗产的库区内部保管工具正常运转。

4. 保护主体开展的修复类保管措施

修复类保管适用于部分已经遭到损毁的东巴古籍文献遗产之救助。对于记忆遗产总体而言，在已有的保护客体资源中，大部分属于成书时间早且以东巴手工纸为记录材料的传统型记忆遗产，这些与东巴文化活动密切相关的祭祀用书（或用具）长年累月在各类仪式中被反复使用，其表面往往留下了很多诸如污斑的明显痕迹。而在待扩的保护客体资源中，除了少量拍摄于早期、以胶片映像形式反映各类东巴文化活动场景的传统型图像记录，由于缺乏专业与常规的保管环境与手段，出现诸如图像褪色、发黄、底片长霉等问题时，仍需加以及时修复。数据型与出版物型记忆遗产保护客体资源，大多形成于近20年间，其使用环境与原始载体均有传统型资源无可比拟的优势，因此，这两种载体类型的东巴古籍文献遗产保护客体资源并不在有关修复类保管策略探讨的范围之内。结合传统型记忆遗产已知的损毁现状，本书认为行之有效的修复保管应当至少从为传统型纸质遗产去污、加固，为传统型胶片遗产固色等方面加以实施。

（1）去污。以荛花为原料制成的东巴手工纸虽能抵抗虫害，但手工制作工艺无法达到与机制纸一样的厚薄标准，故手工纸张往往厚度不均且表面坑洼粗糙。正因为如此，在使用过程中更易沾染灰尘与污渍。除了手工纸载体外，以木片或布料为主材的东巴祭祀用道具同样也存在因使用场合繁多而出现大量污斑侵蚀载体表面的现象。观察后发现，东巴古籍文献遗产表面附着的污斑以油斑与血渍居多，如图4-6、4-7所示。

图4-6　受污损的东巴古籍文献表面

图4-7　受污斑侵扰的东巴古籍文献表面

本课题组实地走访得知，东巴古籍文献遗产整合性保护近期运行案例中涉及的三个保护主体库藏遗产中，大部分藏品表面都兼具油斑与血渍双重污染。鉴于此，可先结合鉴定工作给出的保护客体资源损毁等级，将藏品是否亟待修复作为标准进行区分；而后组织保护主体保管人员或聘请文献保护技术专家，在检测分析污斑的水油性质之后，采用清洁的蒸馏水对存有污斑的区域进行去污处理①，通过氨溶液洗涤法、漂白去污洗涤法、生物酶降解②或有机溶液擦洗③等法对记忆遗产上的污斑进行清洁。④

（2）加固。东巴古籍文献遗产中围绕东巴祭祀活动广泛使用的诸如东巴经典籍、东巴卷轴画等各类用具，由于使用频繁、反复揉摸、翻折关合，以至集中于经书折痕处以及经书外围边框，以毛茬化和缺损化为表现的破损情况尤为明显，如图4-8、4-9、4-10所示。

图 4-8 表面缺损的东巴古籍文献

图 4-9 表面残缺的东巴古籍文献之一

由于亟待加固的东巴古籍文献遗产兼有东巴经典籍双面记录、东巴卷轴画篇幅过大的特点，因此，对不同的特点对象可采取不同的加固方法。如纸质东巴经典籍可结合实际选用胶粘剂喷涂、热压加膜或溶剂加膜法、

---

① 仝艳锋：《云南少数民族档案文献遗产保护研究》，云南大学，2011，第211页。
② 马红艳、马齐、张强等：《生物酶去血渍性能研究》，《应用化工》2007年第10期，第959页。
③ 常用的有机溶剂有乙醇、甲醇、苯、甲苯、丙酮、乙醚、三氯化碳、四氯化碳、正己烷、石油醚、砒啶、汽油和松节油等。罗茂斌：《档案保护技术学》，云南科技出版社，2001，第237页。
④ 张清志：《档案去污若干理论与实践》，《浙江档案》1993年第6期，第39页。

图 4-10　表面残缺的东巴古籍文献之二

丝网加固法或派拉纶涂覆法技术实现修复[1]；易于产生朽坏、破洞、断裂、抽丝、撕裂、画面褪色等问题的纸质东巴卷轴画，可采用既能保持画卷原样又能有效阻隔外界污染及影响的高分子树脂加膜法技术进行加固修复。

（3）固色。长期以来，东巴古籍文献遗产保存分散，各个保护主体几乎只把东巴经典籍及相关卷轴画等文献作为记忆遗产特色馆藏品加以收藏，而把较为灵活多样反映东巴文化的档案材料排除在外，故针对整合性保护近期运行案例下三个保护主体现有的馆藏记忆遗产种类而言，记载于胶片类载体之上的档案虽然存在（如本课题组走访东巴文化研究院时，曾获悉该院一直致力于保护东巴文化，其中培育民间东巴文化传承队伍便是其中一项），但尚未做过系统性归纳与整理。与之相关的胶片资料在此期间也产生不少，这些资料在整合性保护体系下均应筛选后纳入保护客体资源加以妥善处理。对于形成于早期的珍贵胶片材料而言，应当在确保其物质载体未损毁的前提下，尽快由各保护主体提供材料，由统一负责数字化录入的技术业务方，按照标准化建设要求，对来自三个保护主体的所有能够反映东巴文化的胶片类材料进行集中数据转化；对于形成于近期的胶片类材料而言，应当通过将底片置于无酸底片袋、将库内存放胶片材料的空间设置为低温低湿的干燥环境等措施加以保存。如此方可确保胶片档案几何尺寸和脆度的稳定性，其水解或氧化反应的阻断也可以有效地防止生物（霉菌）

---

[1] 罗茂斌：《档案保护技术学》，云南科技出版社，2001，第 248 页。

侵害底片，避免胶片片基缓慢分解而产生老化，进而降低影像变色、消退或在影像层生成彩色微斑等问题的可能性。

5. 常规化保管业务的补充制度

（1）形成并执行日常管理与修复等台账登记制度

形成规范的东巴古籍文献遗产管理与修复台账登记制度，有利于记忆遗产信息统计与利用。为记忆遗产整合性保护设置日常工作台账登记制度不仅能够打破过去各个保护主体相对松散而凌乱的保护格局，还能为整合性保护实施统一的业务标准构建配套的体系化工具。台账登记工作人员可以兼职身份从事此项业务，结合东巴古籍文献遗产整合性保护事业设计的思路，可由各个参与整合业务循环体系的遗产保护主体内部负责记忆遗产互通的信息联络人兼任此职，各保护主体信息联络人对遗产整合性保护秘书处就台账登记内容进行定期报告，以便整合性保护委员会及时了解与掌握各保护主体业务开展状况。

东巴古籍文献遗产管理与修复台账记录对于记忆遗产整合性保护事业推进而言十分重要与必要。第一，可视为整合性保护事业体系内部上下层业务沟通的有效渠道之一；第二，登记信息可用于日常查找管理，便于形成记忆遗产管理档案，从而利于总结经验；第三，经过提炼归纳分析得出的台账登记精华信息，可用于今后记忆遗产扩大化整合性保护业务的拓展与推广。此外，此痕迹管理记录也便于随时接受各方有效监督，并作为衡量参与整合性保护事业各单位与人员业绩奖励或处罚考核的参考，以此提高参与者的工作积极性，确保持续开展整合性保护业务，形成良好的业务生态。

（2）制定并操作数据标准与使用权限等共享制度

东巴古籍文献遗产保护通过整合性手段，将遗产知识由隐性转化为显性，以便保护客体资源能以更为直观实在的形式存在于保护过程的每一个环节中。在此之前，属于东巴古籍文献遗产保护客体资源的各类型知识形态转化需要借助数据标准的制定与操作。

具体而言，在进行涉及东巴古籍文献遗产整合性保护客体资源的界定、分类、整理、数字化处理、鉴定、著录以及保管要求等环节的工作时，均需参照统一的整合性保护数据标准条例，因此，与上述环节关联的标准化建设规范需要提前做好设计与部署。明确记忆遗产整合性保护范围，以三种载体形式进行遗产类型划分，以资源载体——损毁度——开发度的复式分类法进行体系化梳理，通过两个步骤将待处理、开发与推广的遗产资源陆续进行数据转化，明确传统型遗产抢救等级划定、明确适于记忆遗产开发利用的检索工具，明确以技术为主、防治结合以及统一标准、改善基础的保护原则，对保管库房建筑、功能、库区内部环境、保管工具以及修复举措进行规范。

数据标准的实现能确保东巴古籍文献遗产整合性保护在有序开展的同时，各保护主体的业务水平能尽量缩小差距从而得到统一化同步建设。记忆遗产保护客体资源的整体化建设，能为遗产资源为社会提供优质服务打好基础。通过对利用记忆遗产操作权限进行设定的方法，以诸如至少设置管理员、访客、用户三种登陆身份的多通道形式对东巴古籍文献遗产整合性保护模式进行操作，能够在确保显性数据信息安全的前提下，实现用户需求定制化服务的目标。

无论是东巴古籍文献遗产前期资源建设，还是后期数据开发利用环节的数据标准与使用权限设计，均是记忆遗产信息在整合性保护体系内外实现共享的可选方案。

（二）应急式保护联动措施

相较于已被气象、水文、地震等部门成熟运作的各类自然灾害应急预案而言，文化部门对此业务的引入与建设略显迟缓。一方面各种自然灾害与人为灾害一再以不可预计的速度侵袭各类文化遗产，尤以开发为名义的保护致使大量地处边疆经济欠发达地区的珍贵遗产备受损害；另一方面文化部门与民生部门就灾害应急预案的联动措施迟迟难以落实，导致基层遗产保护主体悬挂于墙上的系列应急条例几乎成为一纸空文，脆弱的遗产在缺乏保全性且存有一丝侥幸的保护环境下始终经受不起任何挑战或考验。东巴古籍文献遗产正如上述概括对象一样，价值珍贵却身处灾害频仍的边疆地区的基层保护单位，与日常保管工作难以在短时间内分散执行且所致伤害较为缓慢相比，突发灾害所致的伤害更甚；而执行应急保护预案所需的联动平台恰可用于整合性保护业务同步开展。

应急即应对突发紧急事件，一般应分为灾前准备与灾后抢救两个方面。对于东巴古籍文献遗产而言，较为适宜的外部保存环境使得应急预案中的事后抢救尚无条件可以实施，基于此，在为记忆遗产保护配备系统保障时，应首先考虑灾前准备的充分与完备。

1. 灾前准备

（1）勾画应急保护业务归属。应急保护预案不应被视为东巴古籍文献遗产可有可无的附带保护措施，而应当与日常保管工作共同组成完整的保护环节业务。记忆遗产保护主体对于此项业务的重视度关乎其实际开展效果。应急保护工作不仅可以纳入整个保护主体机构常规业务环节加以建设，还可置于当地与卫生、气象、地质灾害防治等部门相关的应急预案体系内以实现互联互通，由此，可确保东巴古籍文献遗产整合性保护借助应急保护预案的执行而得以宣传、获得认同、实现参与。

（2）编制应急保护经费预算。东巴古籍文献遗产应急保护预案常规化业务归属建设，需围绕保护主体、保护客体等对象开展一系列新业务，此类工作离不开经费支持。因此，定期编制预算方案，以 3~5 年近期远期结合的时间跨度做好即将开展的应急保护工作规划与设计，有助于科学、合理、有序、安全地运行记忆遗产保护工作，支持整合性保护事业的深入建设。

（3）设计应急保护演习训练。东巴古籍文献遗产应急预案的构建，为保护搭建的框架应当经历必要的实践演练以便检验是否行之有效。由于记忆遗产应急保护预案的实施涉及多个单位，一旦确定举行演习，势必提前与相关牵涉部门联合策划，工作面与工作量也将随之增长。在确保演习质量的前提下，为了节约社会成本，本书认为，可采用定期与不定期相结合的方式对记忆遗产应急保护方案实施演练实践。结合东巴古籍文献遗产存放地丽江地区气候四季不分明，以干湿两季划分季节更迭的原则，可至少一年两季联合相关部门举行定期的规模化应急演习；借助文化民俗节庆活动契机，以东巴古籍文献遗产保护主体为举办方，小范围举行不定期的应急演习。在注重对东巴古籍文献遗产实体举行例行应急演习之余，还需要投入力量研究与部署记忆遗产数据信息应对各种恶意网络攻击的应急演习方案。

（4）选取应急保护备份场地。东巴古籍文献遗产整合性保护客体资源经建设而形成实体与数据资源两大类别，借鉴档案保护技术已被广泛采用与执行的异地备份制度。本书认为，记忆遗产应急保护预案中应该对备份场地做出明确规定。结合遗产保护主体目前的保存状况以及与外界相关部门开展合作的经验等因素综合考虑，选择丽江地区以外的地点进行备份较为理想。一方面，异地备份能够有效规避大面积自然灾害突发带来的规模性危机风险；另一方面，异地备份可以在现有条件下实现记忆遗产保存资源集中，为记忆遗产的安全保护带来最大保障。基于此，在选择应急保护备份场地时，东巴古籍文献遗产整合性保护委员会可以根据能够整合的资源范围，以云南省内文献善本特藏库房条件最佳的云南省图书馆为初期运行模式异地备份场地首选对象，以国内文献善本保护条件与技术俱佳的国家博物馆为中远期运行案例异地备份场地首选对象，在此范围之内进行针对性选择较为合理。

（5）识别应急保护灾害等级。东巴古籍文献遗产应急保护的精准实施需要借助两方面的条件，一是外界相关部门与之呼应联动的机制，二是内部对于灾害等级做出的轻重缓急判断。以后者为基础，前者为保障。从现阶段运作成熟的民生部门应急预案可见，无一例外需要对预警实行等级分类，以给出更为确切的预防或抢救建议。东巴古籍文献遗产作为文化遗产类对象，加入这个业已稳定运转的应急生态业务圈并与之共存，必须对由自然或人为灾害引发的破坏进行预判性差别化评估。无论是骤然性灾害抑或是积累性灾害，沿用民生部门惯用的颜色分级预警是明智而可行的。通过蓝、黄、橙、红四色代表的危害度一般、大、较大、非常大递进增长的方式，尽快使预警标识与社会各界对于应急保护的认知与理解接轨，确保联动机制运转得顺利，并能以社会各界更易接受的方式实现东巴古籍文献遗产知识由隐性步入显性。

2. 灾后抢救

对于灾后抢救而言，关键在于对症下药。对症判断的准确性取决于先期台账档案以及针对灾害种类的认识是否全面而深刻，因此，本书认为，记忆遗产灾后抢救工作开展，可从东巴古籍文献遗产面临的潜在灾害种类及其防治、构建灾后抢救数据库两个方面进行分析与准备。

（1）潜在灾害种类及其防治。除按照要求做好东巴古籍文献遗产日常保管维护中修复业务规范之外，结合丽江地区气候特征以及已在册的相关大型灾害历史纪录，东巴古籍文献遗产潜在灾害大致包括地震、森林火灾、暴雨、洪涝以及泥石流，上述灾害的突发容易导致记忆遗产受灾，特别对于传统型载体的东巴古籍文献遗产而言，将有可能面临火灾、挤压以及水灾的影响与损坏。

东巴古籍文献遗产火灾后的应急抢救。火灾对于纸质、木质或布料载体的东巴古籍文献遗产而言，烟熏与烧燎的损害程度不一，但烧后导致载体形状与颜色产生不可逆损伤的结局是一致的。其表现均为载体卷曲、破碎、粉末化。其中，由于东巴手工纸的制作原料、工艺等韧度较大且尺寸小巧，其形状及纸张平整度在短时间内的燃烧之后能基本保持不变，只是面积缩小且字迹消失。[1] 综合而言，火灾引发的东巴古籍文献遗产损坏，其应急保护主要集中于托裱、加固及字迹恢复三种抢救方式。鉴于纸质载体的东巴古籍文献双面记录的特点，无论选择常用的干式托裱法还是湿式托裱法，都应当采取以小面积修补、进而逐渐展开的原则进行点面结合修补；完成修补托裱后，还可以通过加固技术使遗产整体得到稳定，由此，可以选择可逆性较强的高分子树脂加膜技术对经修裱后复原的火灾遗产进行整体加固；被火焚烧过的东巴古籍文献遗产，其字迹大多出现褪色以至于辨识不清，基于此，可通过红外线照相法、紫外线照相法等物理显色法，或依靠数字图像处理技术对记忆遗产典籍或画卷之上受灾的褪色字迹进行恢复。

东巴古籍文献遗产挤压后的应急抢救。在存放东巴古籍文献遗产最为

---

[1] 仝艳锋：《云南少数民族档案文献遗产保护研究》，云南大学，2011，第197页。

集中的丽江地区,近年来自然灾害引发的灾害对文献的破坏性较强,1996年发生的7.0级地震破坏性甚大,2018年暴雨引发的洪涝与泥石流等灾害系当地有水文记录以来最大的洪灾。上述突发灾害极易造成记忆遗产保护主体库房中馆藏品受到不同程度的挤压,并随之出现较为严重的机械性损坏。倘若再遭遇库房漏水等问题,东巴古籍文献遗产将会出现更严重的损坏,其中,以纸质载体遗产出现严重粘连为最甚。对此,抢救措施需注意几个步骤:首先,应当尽快对受压的遗产藏品进行清理,对受压藏品数量、受损程度、受损状况等做出明确统计;其次,将出现机械性损坏、严重粘连等问题的遗产藏品进行抢救评估;再次,在规模化抢救工作尚无条件开展之前,切忌对受灾遗产进行强行牵拉,而应当采用淋水或蒸汽熏蒸的办法,将遗产进行润泽后再行揭拉,并用柔软的排刷轻轻将载体面上的污物清除;最后,将吸水纸裁剪得当后,隔页夹入受灾遗产藏品之内进行去湿,待受灾遗产完全干燥后,方可采取上述修裱和加固的方法加以固定。

东巴古籍文献遗产水灾后的应急抢救。东巴手工纸与一般机制纸相比,其吸水量较大。因此,一旦暴雨或洪涝灾害侵袭收藏单位库房,则包括纸质载体东巴古籍文献遗产在内的馆藏品极易受潮,遭受水泡或雨淋的遗产藏品不同程度面临诸如粘连及霉变的潜在危险。[①] 这类潜在危害若成真,应立刻把被一切遭到雨水浸泡的东巴经典籍藏品转移至完全干燥的安全区域进行统一处理。常用易行的抢救措施可依下列步骤开展:首先,将受到水泡的典籍遗产轻轻揭开,并用软毛排刷依次对遗产页缝中的污垢进行清除;进而,将清理完毕的典籍遗产放于一个干燥安全的空库房内,依照待处理的水泡典籍数量,配置多个多层木架,将典籍隔页夹以一层吸水纸,依顺序摆放于木架之上,配合大型除湿机进行有效去湿;接着,结合实际条件,通过红外线干燥法或自然晾干法,对经过去湿、排霉变的遗产进行统一干燥处理。其间需注意,红外线干燥法与自然晾干法相比,各有优劣。红外

---

① 陶琴、荆秀昆:《应对水淹纸质档案的抢救与保护对策》,《档案学研究》2006年第1期,第51页。

线干燥法速度快、效率高，但精确操作对设备与人员要求较高，若操作不当，容易出现因干燥过度导致的纸张损伤，造成二次伤害；自然晾干法速度慢、效率低，适用于水泡不严重的记忆遗产，因该法成本低且操作简便，故仍有一定的使用空间；最后，待清理、去湿及干燥系列处理之后，还需对水泡时或前述抢救中造成的机械性破损进行修补恢复，其法可参考火灾受损的遗产处理措施，应当格外留意双面记录的东巴经典籍中象形文字的完整性。

（2）构建灾后抢救数据库。灾害发生时，参考此前相关事件的经验，对实际灾害造成的影响与危害进行判断评估，并找到最佳应对之策。东巴古籍文献遗产自集中存放于目前的一众保护主体以来，尚未遭受规模性自然灾害袭击，由此一方面为记忆遗产保管孕育了一个相对稳定安全的自然环境，另一方面也滋生了保护主体松懈且存有侥幸的保管心理。鉴于记忆遗产面对自然灾害不具耐受性与抗击力的事实，本书认为，提前构建灾后抢救数据库十分必要。这不仅有助于提高抗击灾害的业务信心与实力，还能大大提高灾害突发时抢救工作响应的速度，在提升抢救效率的同时降低遗产损失。构建灾后抢救数据库需遵循全面与优选两个原则。全面即数据库内收藏的灾害种类数据应当全面，且记述内容信息应当完整；优选即数据应当精选自国内外来源地各异的信息，且可供借鉴的应急抢救经验应当便于实际运用。对于数据库设计而言，检索功能强大与数据快速分析是最为重要的应急诉求。检索可以以灾害类型、受灾程度、数据来源、事件类型四种标准进行划分，其中类型可由实际案例与研究案例两类组成。检索功能的提升依赖数据信息的多样，一旦检索要求发出，经过丰富的数据比对，数据库可通过快速计算搜索，较为精确地查找到可供参考借鉴的事件资源。鉴于灾后抢救数据库的构建与运营不仅服务于东巴古籍文献遗产整合性保护，还可充分服务对应的民生应急联动部门应急业务。为确保服务质量，本书认为，可参考中国知网的方式，由东巴古籍文献遗产各保护主体支持，以技术外包第三方的方式实现灾后抢救案例数据库的构建与运营。

三 信息服务阶段演绎

东巴古籍文献遗产整合性保护近期案例的运行目的在于最大限度实现记忆遗产信息保护服务于社会。以借助整合性保护为实现途径的数据共享红利,需对提供服务过程中涉及的业务要素进行全面预估。因此,结合实际,可以从以下四项业务活动的整合建设,适当引入业务外包服务的技术支持,完善记忆遗产隐性知识的开发与体验。

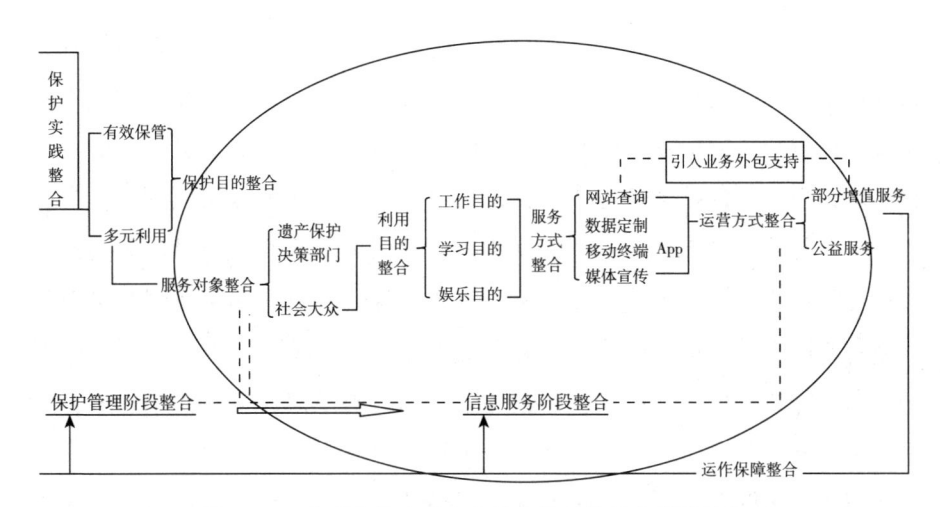

图4-11 东巴古籍文献遗产整合性保护信息服务阶段

(一) 服务对象整合建设

与过去因服务对象不清导致记忆遗产相关信息资源服务缺失相比,当前除了继续重视民族文化传承纽带贯穿两端的东巴文化传承者之外,还应当基于记忆遗产民族文化价值,结合东巴文化的独特性与纳西族的发展,加强面向各学科背景学术对象的服务力度。此外,东巴古籍文献作为世界记忆遗产,其入选《世界记忆遗产名录》后的保护措施,尤其是为了降低濒危风险而实施的保护策略与方案,将为国内外文化遗产类保护决策部门提供有益的参考服务。东巴古籍文献遗产生存空间与生存活力的增强,有赖于全社会全方位的广泛参与。综上,以保护决策部门与社会大众为记忆遗产主要服务对象而共同组成的整合化服务对象体系，能够提前明确为记忆遗产资源运行与提供服务的方向与方式。

（二）利用目的整合建设

根据服务对象整合建设内容以及现行记忆遗产信息资源利用仍然以工作目的为主开展的事实，东巴古籍文献遗产整合性保护模式运行的根本，在于对利用目的做出适当拓展，即以工作目的、学习目的与娱乐目的三大模块作为利用时最普遍与常见的目的。工作目的在于科研与资政，无论是大专院校、科研院所研究人员前往东巴古籍文献遗产收藏主体走访调查获得的调研数据，还是邀请国内外收藏主体或专家出席参与并在各类遗产保护或文化传承活动中献言献策，其本质都是运用记忆遗产信息资源满足工作需求；学习目的在于面向全社会传承民族文化，无论是幼儿宣教还是成人传习，将东巴古籍文献遗产信息资源转换为教育素材，并通过固定教职的传习学校或灵活设置的课外课程等方式授课，其本质都是运用记忆遗产信息资源满足学习诉求；娱乐目的在于深层文创开发展示的各类成果或产品，无论是从事记忆遗产保护的群体，还是偶然接触记忆遗产的访客，都是主动或被动参与东巴古籍文献遗产生存与传承事业的一分子，以易于接受又轻松明快的方式，认识与了解记忆遗产的发展轨迹，其本质都是运用记忆遗产信息资源满足寓教于乐的娱乐追求。

（三）服务方式整合建设

利用目的不同的人，其对于东巴古籍文献遗产资源的需求亦不同。记忆遗产服务方式应是多元丰富灵活的，基于开发者的立场，对受众群体进行恰当的划分，有助于设计好多个体系化服务方案。由此，将东巴古籍文献遗产整合性服务方式按专业受众与非专业受众两个群体进行统筹，以差异化的方式为两大用户群体提供服务，是记忆遗产服务方式整合建设于目前阶段最为可行的策略。专业受众即以工作目的与学习目的为主的用户群体，该群体适用的服务方式主要包括网站查询与数据定制两种类型，基于此途径的记忆遗产信息资源大多可由用户群体主动同遗产保护主体协商，并以遗产隐性知识为主、显性知识为辅的形式获取；非专业受众即以娱乐目的为主的用户群体，该群体适用的服务方式主要包括移动终端 App 发布与传统媒体宣传两种类型。基于此途径的记忆遗产信息资源大多可由遗产保护主体主动向非典型用户群体广泛推送，并以遗产显性知识为主、隐性知识为辅的形式传播。

（四）运营方式整合建设

此前的东巴古籍文献遗产服务规模小、范围窄，服务方式不规范、开展领域少、可查内容窄、面向人群窄等，导致记忆遗产信息资源多被禁锢闲置。长期以来，与记忆遗产信息相关的服务几乎存在人情资源利用优先的不成文规则，围绕遗产开展的服务处于原始且低效的状态。于开发者和利用者而言，服务工作为东巴古籍文献遗产保护带来的正面影响十分微弱，其文化宣传作用于遗产保护的意义不大。有效运营方式的缺失，使得东巴古籍文献遗产信息资源的开发与传承始终处于无本之木的境遇，纵使遗产保护对象十分珍贵，也难以畅游于世。因此，记忆遗产服务于民、寓教于众的价值应当借助合理的运营方式重绽光彩。持续开展东巴古籍文献遗产的信息资源服务，需要以充足的运营经费为基石，在此，应当破除记忆遗产信息共享完全免费服务的片面观念，确保知识产权在法定范围内共享的前提下，以公益服务与部分增值服务结合来运营记忆遗产整合性保护模式的方式值得实践与推广。

第三节 中远期案例运行的前期准备与预期困难分析

东巴古籍文献遗产整合性保护建设是一项系统性工程，实施过程中将面临若干业务类型与地理位置截然不同的记忆遗产保护主体、载体形式与内容种类多元丰富的保护客体资源、专业需求与常规利用层次各异的记忆遗产信息服务方式等多方面的客观实际，整合性保护建设不可能一蹴而就。基于此，在确保整合性保护工程稳步推进与实现东巴古籍文献遗产有效保管且满足社会多元利用的前提下，构建于三个保护主体之内的近期记忆遗产保护案例仅是一个规模较小的整合性建设尝试，待实践证明其可行性、合理性、效益性以及推广性之后，中远期案例才是记忆遗产整合性保护实现建设目标的设计蓝图。

东巴古籍文献遗产整合性保护中远期案例拟基于近期案例支撑而成的保护模式，由近期案例运行期间就部分记忆遗产整合业务开展过合作的第三方机构负责总体运作，最大限度地整合藏有东巴古籍文献遗产的各保护主体，合力打造一个融记忆遗产信息资源建设、保管与开发为一体的数据联盟。此中远期案例思路有关记忆遗产信息资源的建设、保管、开发利用的设计有感于中国知网系统对于海量学术信息资源的收录、分类、著录、数据分析等功能的实现以及提供信息服务所获取的社会效益。

但与中国知网系统的不同之处在于，首先，东巴古籍文献遗产数据联盟提供信息服务的对象更甚于知网相对集中的学术使用群体，无论是学习、工作或是娱乐，东巴古籍文献遗产数据联盟均可以查找、推送等方式为之提供相应的信息服务。这项信息服务强大的数据分析力依托以案例运行整合性保护模式内遗产信息资源为对象进行的精细全面数据运算，数据运算不出错、不卡顿的前提在于做到"两个确保"，即确保近期案例的保护模式运行，特别是数据处理标准应持续沿用；确保新加盟的若干记忆遗产保护主体能遵循整合性保护事业政策、管理以及技术等方面的要求，做到数据建设与管理开发步调一致。然而，在实际运行中远期数据联盟过程中必然会产生诸多类似于新加盟保护主体与近期案例中保护主体合作协调度不足、在引入第三方业务外包期间如何使用经费、借助哪些手段实现海内外记忆遗产原始信息资源无障碍获取等现实工作矛盾，究其原因，可从"人""财""物"三个方面的资源整合中分析。其次，东巴古籍文献遗产数据联盟设计并运行的最终目标不仅如同中国知网一般，能借助技术实现知识信息畅通地流动与利用，更能够以此整合性保护模式为参照，向其他同类型文化遗产对象推广，促成隐性信息资源的显性化开发与全民共享，为人类宝贵的文化遗产构建完备的档案记忆体系。

东巴古籍文献遗产中长期信息联盟型运行模式见图 4-12。

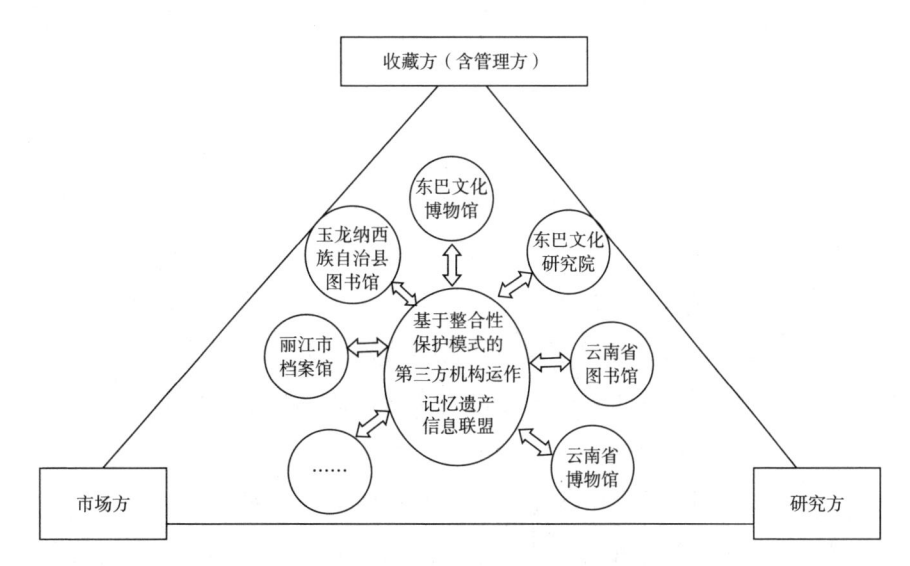

图 4-12 东巴古籍文献遗产中长期信息联盟型运行模式

一 运行所需基础分析

(一) 需要相关的理论与实践指导

东巴古籍文献遗产整合性保护理论与实践指导的构成依赖两方面工作的建设。一则依靠记忆遗产整合性保护近期案例的运行积累，此积累工作始于针对记忆遗产整合性保护可行性分析的先期研究与基于合理性、推广性的后期研究，以及运行一段时间后的实践经验；二则依靠整合性保护政策制定者与理论研究者双向借鉴其他学科背景视角下，在相关业务领域开展的交叉性、整合性联合体实践与研究所得。

(二) 需要标准化规范参照

东巴古籍文献遗产整合性保护近期运行案例中，已形成一系列遗产数据处理标准规范，在经过实践证明其实际效用与功能的基础上，中远期案例运行之际，应对这些标准规范保持适当完善之余坚持贯彻的决心与毅力。从记忆遗产数据采集范围、遗产数据初次加工、数据分类，到数据著录编目、数据检索,再到数据服务对象划分以及数据开发多样化等一系列业务,应当贯穿与近期案例一脉相承的建设规范形式。

(三) 需要动员公众广泛参与

东巴古籍文献遗产中远期案例拟联系海内外记忆遗产信息资源,构建一个以标准化、多元化数据服务体系为目的的多方共建信息联盟平台。其涉及面广、参与方众多,故案例运行的前提在于借助诸如会议、研讨、培训等形式的活动,邀请各参会代表团签署合作备忘录。事后,通过各参与项目的保护主体层层动员,为东巴古籍文献遗产整合性保护信息资源联盟的建立造好声势,培育各级工作人员整合性保护业务生态一致性的认同意识。此外,巧借国家外交手段,通过文教宣传或展演号召等倡议手段,积极联络与争取散存于海外的东巴古籍文献遗产保护主体以数字资源共享方式实现记忆遗产数据交换。

(四) 需要构建业务生态版图

在推广执行东巴古籍文献遗产整合性保护中远期案例期间,为了最大限度减少工作人员额外的工作量、降低记忆遗产保护工作带来的业务压力,应当将整合性保护中远期案例中较为复杂与专业的技术性业务交由商业性服务机构打理。在不增设新岗位、不布置新任务的基础上,尽量确保参与中远期案例保护主体内部员工业务量保持以往的水准。应当让保护主体享受到提供东巴古籍文献遗产信息资源之际优先获得的记忆遗产信息服务,以及为机构业务增添更多亮点与特色等诸如此类的共享红利。

(五) 需要选择品质过硬的技术供应方

东巴古籍文献遗产中远期案例基于运行模式由整合性保护委员会全权负责治理、技术支持交由商业性服务机构定制的方式,能够在确保业务稳定的前提下实现双方优势互补。技术的进步可采取跨越式更迭,但基于记忆遗产信息资源数据保持安全的根本原则,无须盲目追求最新、最全的技术支持。选取资质好、专业性强且有合作经验的可靠供应方,以适宜现阶段记忆遗产数据处理水平，展开技术支持与运营的体系化模块业务，有利于整合性保护业务生态持续健康循环。

二　可能存在的困难

（一）工作人员管控困难

东巴古籍文献遗产整合性保护中远期案例具有集约化，其整体运行实现的前提在于四个关系的顺达通畅，即各保护主体与整合性保护委员会之间、各保护主体内部部门之间、各保护主体之间以及保护主体与商业性服务机构之间人员的通力配合。然而，工作人员在其个体意识、业务能力、职业素养等方面存在的诸多差异，造成互相衔接的业务始终处于相对波动的恒变状态，导致中远期案例平台上本该同步开展的工作出现潜在的步调不一致危机，影响总体发展水平。

鉴于工作人员管控的复杂性实属事物发展正常规律，在客观正视该事实的基础上，可以通过抓住事物主要矛盾的关键性因素，如工作人员积极性、稳定性、专业性、创新性与协调性，并辅以妥善合理的疏导之法，通过诸如扩大业绩考评选项、提升职业发展平台、完善业务技能培训机制、增加业务能力类型竞赛、开展记忆遗产保护认同感与归属感意识提升工程等政策或管理手段，以降低人员变动给东巴古籍文献遗产整合性保护中远期案例建设带来的负面影响。

（二）资金预算投入困难

东巴古籍文献遗产整合性保护中远期案例的构建与运行需要稳定资金的持续支持，鉴于当前记忆遗产作为特色馆藏分散于不同保护主体，且该项保护工作所需资金尚未有过获得专项预算资助之先例，相对于近期案例涉及机构少、业务开展所需经费低的事实，中远期案例运行资金的来源、预算额度、使用范围、财务报销要求等具体问题的浮现，均成为横亘于业务开展之前的障碍。

相较于各保护主体分别针对拟开展记忆遗产保护业务申报的资助存在

主题分散、不利于模式统一推进等风险,本书认为,构架于东巴古籍文献遗产整合性保护这项整体性工作目标之下的资金预算项目更具实际操作性。以构建初期、中期与末期为项目三个分段节点,以鼓励各参与方结合馆藏记忆遗产资源,通过初期平台建设、中期运行、末期双赢三个类别项目进行周期性申报,并组织整合性保护委员会根据各项目建设目标及要求,按照"公平、公正、择优"的原则,完成项目审核、批准、资助、检查等一系列工作。其中,资助的额度可根据各个申报获批项目所列举的预算表合理执行,每个类别项目执行期间须严格遵守有关财务制度对于资金使用范围、报销等的要求。

(三) 遗产资源使用困难

东巴古籍文献遗产整合性保护中远期案例涉及保护主体众多,且广泛分布于海内外博物馆、图书馆、档案馆、研究所,中远期案例拟构建的信息联盟将分步骤分阶段实现记忆遗产信息资源多元服务与共享。至此,在破除各方阻力将官方机构收藏的遗产数据纳入信息联盟数据库之余,还需将目光投向流散于民间的东巴古籍文献遗产,并争取将这部分信息资源也纳入联盟以实现记忆遗产名副其实的回归。回归与共享目标的背后隐藏着一系列针对东巴古籍文献遗产信息资源付诸实施的困难。

对海内外官方与民间范围内东巴古籍文献遗产信息资源的获取、对采集到的记忆遗产信息资源进行内容重复性与载体差别性筛选、对东巴文化档案信息资源依据遗产数据分类标准进行高度提炼归纳、对整理后的记忆遗产信息资源进行数字化处理加工、对记忆遗产信息资源建设保管与开发全过程的安全进行维护与保障,以上种种对于东巴古籍文献遗产信息资源的使用都存在程度不一的政策性、管理性或技术性困难。人财物的整合恰如一团隐形之气,吐纳于东巴古籍文献遗产整合性保护躯体中,呼吸得当则开枝散叶,呼吸不当则日渐衰败。作为一项内容、性质与载体较为稳定的记忆遗产如同一批等待修剪的素材,从静态展示到动态推广、从隐性知识查找到显性信息共享,每一步的蜕变都需要以意识为主导的人力与以合作共建为模式的财力予以扶持与支撑。

结　语

本书研究对象东巴古籍文献遗产是指，由纳西族东巴直接用象形文字书写或绘于东巴手工纸或布料、石料等其他物质载体之上，由官方机构收藏或于民间散存，能够全方位反映纳西族社会传统风貌的手稿、珍贵文件，以及借助数字化技术记录和保护，能够全面反映东巴口述历史、东巴文化活动、东巴手工纸抄造技艺等相关传统东巴文化内容信息而形成的声像、数字等载体记录。本书研究的核心问题是东巴古籍文献遗产整合性保护，主要结论有以下几点。

第一，东巴古籍文献遗产内容丰富，价值珍贵，分布散乱，保管简陋，开发不力，保护水平总体势弱，亟待整合。为了对东巴古籍文献遗产进行保护优化，并基于世界记忆遗产保护水准对其信息资源予以整理实现共享服务，需对该研究对象的内涵与外延做出清晰的界定。即传统意义上由东巴祭司书写形成并在丧葬、祭祀、禳解、占卜等活动中加以使用的东巴经典籍，以及由东巴祭司或其他掌握纳西族象形文字之主体书写、绘画、制造而成并在各类相关民俗活动中使用、表演，以直接或间接方式形成的不同载体类型、反映东巴文化艺术创作、社会生活、伦理道德等方面的记录。

第二，东巴古籍文献遗产长期以来保护水平低，造成该现状的因素甚多，但关键在于记忆遗产保护主体、保护客体二者共同存在的分散性与复杂性。东巴古籍文献遗产保护主体有官方与民间之分；官方主体即收藏机构，系广泛分布于海内外的各级各类博物馆、图书馆、档案馆、研究院；而民间主体则大致集中于各类文玩收藏家与科研工作者两个群体之间。地域的分散导致沟通交流屏障颇多，而收藏主体类型的多样也造成保护水平不一且合作难度大等难以预估的复杂阻力。此外，对于保护客体的划分与界定至此业界仍未取得统一，不同学者站在不同学科背景加以研究，实践中的保护业务水平尚未获得实质性提升，导致保护客体以保护主体为局限，囿于狭小的业务面上不得发展。由此，从宏观至微观对东巴古籍文献遗产保护进行整合，是当前提升保护水平并取得跨越式进步的最佳尝试。

第三，东巴古籍文献遗产整合性保护是一项庞大的系统工程，涉及政策法规、管理制度、技术人员等诸多方面。整合性保护的建设应当基于一定的手段与顺序，结合东巴古籍文献遗产保护现状背后的关键因素进行思考，则需基于全新保护客体的内涵与外延，首先对东巴古籍文献遗产保护客体资源进行整合性建设，将记忆遗产保护主体、客体、运行保障条件以及总体建设理论进行必要整合；其次基于全面系统的保护客体资源平台，对日常与应急保管措施、记忆遗产信息资源服务对象以及整合性保护目的等系列业务实践进行整合处理，打破往日格局，将整合思路融入具体的保护实践过程；最后结合社会各界对东巴古籍文献遗产信息资源的不同需求，明确记忆遗产的利用目的在于提供信息文化服务，转变东巴古籍文献遗产常年静止的隐性知识，取而代之以特色鲜明的显性知识向社会提供多元化服务。以上一系列整合业务均构架于以遗产资源建设、保护实践、信息使用为顺序的整合性运行案例中，将此案例融入具体业务的实践，以构建整合性保护模式为平台，以便实现整合性保护之目的。

第四，基于东巴古籍文献遗产整合性保护模式对于遗产保护过程中各具体业务环节的设计，结合记忆遗产保护主体业务合作的过往经验，整合性保护事业的建设可以通过两种运行案例分步骤、分阶段实现，即以近期案例为基础，以共建信息联盟型中远期案例为升华。近期案例围绕已有合作基础的三个保护主体展开，是当前最易于实施的整合性保护方案。通过对保护客体资源组构与整合、保护实践进行预估，从东巴古籍文献遗产保护客体资源的分类、著录等数据处理业务中制定标准化规范要求，从记忆遗产保管中坚持遵循预防为主、防治结合的原则，按照保护客体的分类标准进行预防与治理的分析，并依照整合性保护模式，对记忆遗产保护整合进行论述，最终形成以三个保护主体提供的素材为基础，完整运行的东巴古籍文献遗产整合性保护生态循环。近期案例运行结论不仅在于证明整合性意识运用于东巴古籍文献遗产保护的实用性与可行性,更在于体现其可借鉴性与推广性。小规模小范围的记忆遗产整合性保护需要逐渐扩大拓展,以中远期案例为平台的发展理念,通过客观探讨运行所需的基础以及可能存在的问题,将有助于记忆遗产整合性保护不断改进与完善,最终全面实现世界记忆遗产为全世界提供文化服务的目的。

第五,东巴古籍文献遗产整合性保护的研究过程,不仅是一个注重学术的研究过程,更是一个尊重遗产保护策略实用性的过程。东巴古籍文献遗产整合性保护观念的提出,是基于对现实矛盾的认识,更是对多年研究成果无法顺利指导实践这一伴随着深深无力感的"学无以致用"体验进行的反思。记忆遗产整合性保护模式的设计以及案例的构建,正是本书立足于档案学专业视角,整合国家政策法规、保护机构、管理方法和技术力量等方面资源后的分析与论证所得。其案例的运行在实践中或许仍然会出现诸多本研究中不曾预料的阻力,但这恰恰反映了学术研究总是沿着曲折上升道路螺旋状发展的客观事实,这种不完美正是学术研究的魅力所在。

参考文献

（一）期刊类

[1] 仝艳锋、郑荃：《丽江东巴文献遗产保管困境与对策研究》，《云南档案》2008年第6期。

[2] 张鑫昌、郑文、张昌山：《民族档案学刍议：特征与任务》，《思想战线》1998年第1期。

[3] 张美芳、秦佳心：《纳西东巴经数字化抢救过程中的技术保障措施的研究》，《档案学研究》2006年第5期。

[4] 郑荃、仝艳锋、罗茂斌：《试论云南少数民族文献遗产保护模式构建——以纳西族东巴文献为例》，《档案学通讯》2009年第3期。

[5] 陈子丹、解菲：《对少数民族档案编研的几点思考》，《档案学通讯》2006年第5期。

[6] 陈子丹、解菲：《民族档案研究与学科建设》，《云南民族大学学报》（哲学社会科学版）2007年第4期。

[7] 陈子丹：《民族档案学形成与发展刍议》，《档案学研究》2007年第4期。

[8] 李英：《非物质文化遗产档案的特点和建档原则》，《档案管理》2012年第1期。

[9] 陈祖芬：《非物质文化遗产档案管理主体研究——以妈祖信俗档案管理为例》，《档案学通讯》2011年第1期。

[10] 李姗姗、周耀林、戴旸：《非物质文化遗产信息资源档案式管理的瓶颈与突破》，《信息资源管理学报》2011年第3期。

[11] 倪慧敏：《非物质文化遗产与物质文化遗产档案》，《档案学研究》2008年第5期。

[12] 陈祖芬：《妈祖信俗口述档案建档范围的确定》，《档案学通讯》2011年第6期。

[13] 杨毅、张会超：《旅游开发背景下民族档案资源的整合——以云南民族档案资源整合为例》，《档案学通讯》2008年第6期。

[14] 孟歆：《探析知识服务思想下档案部门的建档工作》，《兰台世界》2012年第35期。

[15] 邹吉辉：《为非物质文化遗产建档的紧迫性》，《档案与建设》2008年第9期。

[16] 陈建、高宁：《我国非物质文化遗产建档保护研究回顾与前瞻》，《档案学研究》2013年第5期。

[17] 陈艳红：《30年来档案信息资源开发利用研究述评——基于〈档案学研究〉、〈档案学通讯〉的论文分析》，《档案学研究》2010年第2期。

[18] 谭必勇、徐拥军、张莹：《技术·文化·制度：非物质文化遗产数字化研究述评》，《浙江档案》2011年第6期。

[19] 龙运荣：《近十年来我国少数民族非物质文化遗产研究述评》，《贵州师范大学学报》（社会科学版）2012年第1期。

[20] 潘善环、谌世龙：《广西非物质文化遗产旅游产品开发研究述评》，《柳州师专学报》2014年第8期。

[21] 刘大巧、许宏晔：《2003-2012年云南少数民族档案研究计量学分析》，《山西档案》2014年第4期。

[22] 李亚青：《基于文献计量的我国图书馆非物质文化遗产保护研究》，《图书馆学刊》2012年第10期。

[23] 马伏秋：《2000年以来档案信息资源开发与利用研究述评——基于〈档案学通讯〉〈档案学研究〉的论文分析》，《档案学通讯》2015年第1期。

[24] 谢菲：《国外非物质文化遗产相关研究述评》，《贵州民族研究》2011年第3期。

[25] 王云庆、赵林林：《论非物质文化遗产档案及其保护原则》，《档

案学通讯》2008年第1期。

［26］赵爱国、王云庆：《法制化框架下的非物质文化遗产档案资源控制问题研究》，《档案学通讯》2009年第4期。

［27］王云庆、陈建：《保护非物质文化遗产：警惕档案机构边缘化》，《档案学通讯》2011年第1期。

［28］韩英、章军杰：《论非物质文化遗产的档案资源开发》，《档案学通讯》2011年第5期。

［29］吴品才、储蕾：《非物质文化遗产档案化保护的理论基础》，《档案学通讯》2012年第5期。

［30］徐欣云：《非物质文化遗产档案式保护中的"新来源观"研究》，《档案学通讯》2013年第5期。

［31］周建军：《非物质文化遗产保护视角下地方特色档案建设的重新思考》，《档案学通讯》2014年第3期。

［32］戴旸：《应然与实然：对我国非物质文化遗产建档主体的思考》，《档案学通讯》2014年第4期。

［33］徐欣云：《建构的相对性：非物质文化遗产档案与集体记忆建构的关系》，《档案学通讯》2014年第5期。

［34］王海弘：《非物质文化遗产档案的凋零与繁荣——基于旅游发展视角》，《档案学通讯》2015年第6期。

［35］何永斌：《对非物质文化遗产保护的档案学思考》，《档案学研究》2008年第6期。

［36］谭必勇、徐拥军、张莹：《档案馆参与非物质文化遗产数字化保护的模式及实现策略研究》，《档案学研究》2011年第2期。

［37］王云庆、毛天宇：《基于博弈论视角的非物质文化遗产立档保护探析》，《档案学研究》2013年第2期。

［38］戴旸、李财富：《我国非物质文化遗产建档标准体系的若干思考》，《档案学研究》2014年第5期。

［39］金晓妹、陈仰珊、钟志芸：《图书馆如何积极参与非物质文化遗产的保护》，《图书馆杂志》2003年第2期。

[40] 康延兴:《论图书馆保护非物质文化遗产的职能》,《图书馆建设》2005年第6期。

[41] 胡梅珍、王立平:《也是我们的职责——谈公共图书馆参与非物质文化遗产保护》,《图书馆建设》2006年第5期。

[42] 蔡光龙:《图书馆保护非物质文化遗产的社会定位》,《图书与情报》2007年第2期。

[43] 王云庆:《图书馆等文化事业机构保护非物质文化遗产的措施》,《图书情报工作》2007年第8期。

[44] 李树林:《民族地区图书馆与非物质文化遗产的保护》,《图书馆论坛》2008年第1期。

[45] 任大山:《公共图书馆收藏非物质文化遗产刍议》,《图书馆工作与研究》2008年第6期。

[46] 韩旭、曹永存、王辉、林旺:《构建基于Web的非物质文化遗产多媒体资源库》,《情报杂志》2009年第6期。

[47] 李明杰:《非物质文化遗产视角下的中国古籍版本文化保护》,《图书馆》2009年第3期。

[48] 张红英:《略论非物质文化遗产保护与公共文化服务》,《图书馆理论与实践》2009年第12期。

[49] 汪向明:《图书馆保护非物质文化遗产优势分析》,《图书馆工作与研究》2010年第3期。

[50] 覃美娟:《浅论非物质文化遗产的档案式保护》,《档案管理》2007年第5期。

[51] 覃凤琴:《从"非物质"到"外化物质再现"——非物质文化遗产档案式保护及其价值考察》,《山西档案》2007年第5期。

[52] 华林、姬兴江、王晋、谭文君:《文化遗产框架下的西部散存民族档案文献遗产保护研究》,《档案学通讯》2013年第3期。

[53] 杨毅、张会超:《民族档案在田野中生成的实践探索》,《思想战线》2013年第5期。

[54] 陈子丹:《构建边疆多民族档案资源体系的思考——以云南为

例》,《档案学研究》2013 年第 6 期。

[55] 张会超、杨毅:《民族档案资源集成管理引论》,《档案学通讯》2013 年第 6 期。

[56] 孔明玉:《纳西东巴经及其研究价值》,《成都纺织高等专科学校学报》2006 年第 3 期。

[57] 华林:《流失海外纳西族东巴经档案文献保护研究》,《云南档案》2009 年第 2 期。

[58] 李敏:《20 世纪东巴经目录研究的发展》,《云南民族大学学报》(哲学社会科学版) 2009 年第 2 期。

[59] 木丽春:《抢救纳西族文化遗产东巴经书的遭遇》,《炎黄春秋》2003 年第 4 期。

[60] 陈登宇:《纳西族东巴纸新法探索》,《民族艺术研究》2004 年第 6 期。

[61] 张美丽、汤书昆、陈彪:《云南纳西族东巴纸耐久性初探》,《中国造纸》2012 年第 12 期。

[62] 杨福泉:《论少数民族本土文化传人的培养——以纳西族的东巴为个案》,《云南民族大学学报》(哲学社会科学版) 2005 年第 3 期。

[63] 郭大烈:《纳西族传统文化及其保护》,《云南社会科学》2001 年第 6 期。

[64] 和金光:《纳西族东巴文化研究发展趋势》,《云南民族大学学报》(哲学社会科学版) 2007 年第 1 期。

[65] 杨杰宏、张玉琴:《东巴文化在学校传承现状调查与研究》,《民族艺术研究》2009 年第 6 期。

[66] 王星光、贾兵强:《国外历史文化遗产保护机制及其对我国的启示》,《广西民族研究》2008 年第 1 期。

[67] 吴江华:《"文献遗产"与"档案文献遗产"概念辨析》,《山西档案》2010 年第 1 期。

[68] 王清原:《当前古籍保护的若干问题》,《江苏图书馆学报》2000 年第 4 期。

[69] 李金海：《档案馆建立突发事件应急机制的思考》，《浙江档案》2004 年第 9 期。

[70] 黄广琴、颜川梅：《档案文献保护中的非技术因素分析》，《档案与建设》2008 年第 12 期。

[71] 向立文：《论档案馆应急预案体系的构建》，《档案学研究》2010 年第 3 期。

[72] 周耀林、陶琴、唐文进：《论文化遗产保护视野下的我国档案保护研究》，《档案学研究》2006 年第 3 期。

[73] 李玉虎：《档案保护工作中亟待研究的几个重大课题》，《图书情报知识》2009 年第 3 期。

[74] 姜莉、杨战捷：《档案库房环境研究》，《中国档案》2004 年第 11 期。

[75] 刘仲敏、刘安邦、张新武、景卫东：《档案图书防霉条件研究及防霉剂的筛选》，《微生物学通报》2005 年第 2 期。

[76] 张金玲、方岩雄：《古籍文献的酸化与现代修复技术》，《图书馆学刊》2011 年第 8 期。

[77] 吴绪成、刘晓春：《馆藏档案分级管理的若干思考》，《湖北档案》2006 年第 11 期。

[78] 赵彦昌、周婷：《馆藏档案分级鉴定研究》，《辽宁大学学报》（哲学社会科学版）2009 年第 5 期。

[79] 于海燕：《国家重点档案抢救修复技术集成化研究》，《档案学通讯》2010 年第 2 期。

[80] 傅荣校、吴晓芸：《试论档案价值等级鉴定》，《档案与建设》2003 年第 6 期。

[81] 张金风：《文物保护标准化建设》，《中国文物科学研究》2008 年第 1 期。

[82] Vibiana Bowman, Nensi Brailo. "Protecting our Shared Cultural Heritage: An Overview of Protocols and Projects," *Visual Resources*, 2005 (01).

[83] Ross Harvey. "UNESCO's Memory of the World Programme," *Library Trend*, 2007.

[84] Erland Kolding Nielson. "Sharing Information: Report on the LIBER Library Security Network (LSN) since 2002," *Liber Quarterly*, 2008 (02).

[85] Keith Suter. "Protecting the World's Cultural Heritage," *Contemporary Review*, 2008.

[86] John Henry Merryman. "'Protection' of the Cultural 'Heritage'?" *Hein OnLine*, 1990.

[87] George P Mackenzie. "Working for the Protection of the World's Cultural Heritage: The international committee of the blue shield," *Journal of the Society of Archivists*, 2000 (01).

[88] John Rolfe, Jill Windle. "Valuing the Protection of Aboriginal Cultural Heritage Sites," *The Economic Record*, 2003 (06).

[89] Amareswar Galla. "Cultural Diversity in Ecomuseum Development in Viet Nam," *Museum international*, 2005 (03).

[90] Hongnam Kim. "My Journey on the Path of Tangible and Intangible Heritage Preservation," *Museum International*, 2007 (04).

[91] Paz Benito Del Pozo, "Pablo Alonso González. Industrial Heritage and Place Identity in Spain: From Monuments to Landscapes," *The Geographical Review*, 2012 (4).

[92] Antoinette Jackson. "Changing Ideas About Heritage and Heritage Resource Mangement in Historically Segregated Communities," *Transforming Anthropology*, 2010.

[93] Christoph Brumann. "Outside the Glass Case: The Social Life of Urban Heritage in Kyoto," *American Ethnologist*, 2009 (02).

[94] David Berliner. "Multiple Nostalgias: The Fabric of Heritage in Luang Prabang (Lao PDR)," *Journal of the Royal Anthropological Institute*, 2012.

[95] Prue Laidlaw, Dirk H. R. Spennemann, Catherine Allan. "Protecting

Cultural Assets from Bushfires: A Question of Comprehensive Planning," *Disaster*, 2008.

［96］Gabi Dolff-Bonekämper. "Cultural Heritage and Conflict: The View from Europe," *Museum International*, 2010 (01).

［97］William C. G. Burns. "Belt and Suspenders? the World Heritage Convention's Role in Confronting Climate Change," *Reciel*, 2009.

［98］Susan O. keitumetse. "Sustainable Development and Cultural Heritage Mangement in Botswana: Towards Sustainable Communities," *Wiley OnLine Library*, 2009 (06).

［99］Wend Wendland. "Intangible Heritage and Intellectual Property: Challenges and Future Prospects," *Museum International*, 2004.

［100］Norika Aikawa. "An Historical Overview of the Preparation of the UNESCO International Convention for the Safeguarding of the Intangible Cultural Heritage," *Museum International*, 2004.

［101］Cecillia Londrès. "The Registry of Intangible Heritage: the Brazilian Experience," *Museum International*, 2004.

［102］Ahmed Morsi. "Research and Preservation Projects on Intangible Heritage," *Museum International*, 2005.

［103］Philip Segadika. "Managing Intangible Heritage at Tsodilo," *Museum International*, 2006.

［104］Bernard O'Connor. "Protecting Traditional Knowledge, An Overview of a Developing Area of Intellectual Property Law," *The Journal of World Intellectual Property*, 2003.

［105］Yoshizumi Ketal. "Effect of Atmospheric SO_2 and NO_2 on the Fading of Dyed Fabries by Traditional Dyestuffs," *First International Colloguinm on Role of Chemistry in Archaeology*, 1991.

［106］Norbert S. Bear. "Indoor Air Pollution: Effect on Cultural and Historic Materials," *Int Museum Manag Curatorship*, 1985.

［107］Atherton J. B. Et Al. "The Effect of Temperature, Light and Some

Transitional Metal Ions on the Sorpotion of Sulfur Dioxide by Paper," *J. Appl chem-biotechnol*, 1973.

［108］Guttman C. M. "Protection of Archival Materials from Pollutants: Diffusion of Sulfur Dioxide Through Box Board," *J. Am Inst Conserv*, 1993.

（二）学位论文类

［1］周耀林：《可移动文化遗产保护策略研究》，博士学位论文，武汉大学，2005。

［2］马翀：《濒危档案文献遗产保护策略研究》，博士学位论文，中国人民大学，2008。

［3］仝艳锋：《云南少数民族档案文献遗产保护研究》，博士学位论文，云南大学，2011。

［4］彭远明：《档案文献遗产保护与利用的方法论研究》，博士学位论文，复旦大学，2008。

［5］樊传庚：《新疆文化遗产的保护与利用》，博士学位论文，中央民族大学，2005。

［6］黎明：《少数民族文化遗产的现代传承与法律保护》，博士学位论文，兰州大学，2007。

［7］范弢：《云南丽江生态地质环境演化过程与趋势研究》，博士学位论文，昆明理工大学，2008。

［8］郑艳萍：《庐山文化遗产的保护与利用研究》，硕士学位论文，广西师范大学，2006。

［9］肖锡维：《西班牙世界文化遗产保护工作及其启示》，硕士学位论文，对外经济贸易大学，2006。

［10］刘祥麟：《档案库房沿革：从传统走向智能化》，硕士学位论文，苏州大学，2008。

［11］熊燕：《历史档案分级管理体系研究》，硕士学位论文，湘潭大学，2008。

［12］张红颖：《旅游业在西班牙经济发展中的作用》，硕士学位论文，

对外经济贸易大学，2006。

［13］谢兴：《中国与西班牙世界遗产开发保护比较研究》，硕士学位论文，暨南大学，2011。

（三）著作类

［1］中国档案学会：《少数民族档案史料评述学术讨论会论文选集》，档案出版社，1988。

［2］王耀希：《民族文化遗产数字化》，人民出版社，2009。

［3］卜金荣：《纳西东巴文化要籍及传承概览》，云南民族出版社，1999。

［4］中国社会科学院知识产权中心：《非物质文化遗产保护问题研究》，知识产权出版社，2012。

［5］白庚胜：《文化遗产保护诠说》，宁夏人民出版社，2010。

［6］康保成：《中国非物质文化遗产保护发展报告（2012）》，社会科学文献出版社，2012。

［7］云南民族古籍丛书编委会：《云南民族古籍论丛》第1辑，云南民族出版社，1992。

［8］杨中一：《中国少数民族档案及其管理》，中国档案出版社，1993。

［9］冯乐耘、李鸿建：《档案保护技术学》，中国人民大学出版社，1994。

［10］乌谷：《民族古籍学》，云南民族出版社，1994。

［11］刘世锦：《中国文化事业发展报告（2012）》，社会科学文献出版社，2012。

［12］李晋有：《中国少数民族古籍论》，巴蜀书社，1997。

［13］张公瑾、黄建明：《民族古文献概览》，民族出版社，1997。

［14］郭大烈、杨世光：《东巴文化论》，云南人民出版社，1999。

［15］单霁翔：《城市化发展与文化遗产保护》，天津大学出版社，2010。

［16］《中国少数民族社会历史调查资料丛刊》修订编辑委员会云南省编辑组：《云南民族民俗和宗教调查》，民族出版社，2009。

［17］罗茂斌：《档案保护技术学》，云南科技出版社，2001。

［18］华林：《西南民间少数民族历史档案管理学》，民族出版社，2001。

［19］李静生：《纳西东巴文字概论》，云南民族出版社，2009。

［20］云南省少数民族语文指导工作委员会：《云南民族语言文字现状调查研究》，云南民族出版社，2001。

［21］何丽著《中国少数民族古籍管理研究》，辽宁民族出版社，2005。

［22］仇壮丽：《中国档案保护史论》，湘潭大学出版社，2007。

［23］孙克勤：《世界遗产学》，旅游教育出版社，2008。

［24］王新才：《档案学研究进展》，武汉大学出版社，2010。

［25］苏品红：《文献研究与文献保护》，国家图书馆出版社，2009。

［26］包和平：《中国少数民族古籍管理学概论》，民族出版社，2006。

［27］周耀林：《档案文献遗产保护理论与实践》，武汉大学出版社，2008。

［28］于海广、王巨山：《中国文化遗产保护概论》，山东大学出版社，2008。

［29］王文章：《非物质文化遗产概论》，文化艺术出版社，2006。

［30］金波：《档案保护技术学》，高等教育出版社，2000。

［31］陈子丹：《民族档案史料编纂学概要》，云南大学出版社，2009。

［32］李国文：《云南少数民族古籍文献调查与研究》，民族出版社，2010。

［33］吴晓红：《档案灾害学研究探索》，首都经济贸易大学出版社，2013。

［34］国家民委全国少数民族古籍整理研究室：《中国少数民族古籍总目提要·纳西族卷》，中国大百科全书出版社，2003。

［35］仝艳锋：《民族档案文献遗产保护研究：以云南为例》，山东大学出版社，2013。

［36］郭大烈、黄琳娜、杨一红：《纳西母语和东巴文化传承与实践》，云南民族出版社，2012。

［37］冯惠玲、张辑哲：《档案学概论》，中国人民大学出版社，2001。

［38］徐拥军：《档案记忆观的理论与实践》，中国人民大学出版社，2017。

[39] 覃兆刿:《中国档案事业的传统与现代化:兼论过渡时期的档案思想》,中国档案出版社,2003。

[40] 覃兆刿:《档案双元价值论谈》,科学出版社,2015。

(四) 政策文件类

[1]《国务院办公厅转发国家民委关于抢救、整理少数民族古籍的请示的通知》,1984年4月19日,国办发〔1984〕30号。

[2]《加强少数民族文物工作意见》,1998年9月29日,文物博发〔1998〕54号。

[3]《国务院办公厅转发文化部、建设部、文物局等部门关于加强我国世界文化遗产保护管理工作意见的通知》,2004年2月15日,国办发〔2004〕18号。

[4]《关于实施中国民族民间文化保护工程的通知》,2004年4月8日,文社图发〔2004〕11号。

[5]《国务院办公厅发布关于加强我国非物质文化遗产保护工作的意见》,2005年8月15日,国发办〔2005〕18号。

[6]《国务院关于加强文化遗产保护的通知》,2005年12月22日,国发〔2005〕42号。

[7]《国务院办公厅关于进一步加强古籍保护工作的意见》,2007年1月29日,国发办〔2007〕6号。

[8]《国家民委 文化部关于进一步加强少数民族古籍保护工作的实施意见》,2008年1月17日,民委发〔2008〕33号。

[9]《国家民委关于建立少数民族古籍保护与资料信息中心和少数民族古籍文献人才培养与科学研究基地的通知》,2008年11月14日,民委发〔2008〕252号。

[10]《文化部关于进一步加强古籍保护工作的通知》,2011年3月8日,文社文发〔2011〕12号。

[11]《关于积极做好档案系统第一次全国可移动文物普查工作的通知》,2013年6月13日,文物普查发〔2013〕8号。

（五）在线文献类

[1] 纳西东巴古籍文献申报世界记忆遗产成功重要意义，http://www.ljta.gov.cn/html/liaojielijiang/renwendili/shijieyichan/%E4%B8%96%E7%95%8C%E9%81%97%E4%BA%A7/2010/0414/3190.html，2013。

[2] 世界记忆遗产旨在古为今用，http://www.mzb.com.cn/zgmzb/html/2005-06/24/content_28900.htm，2013。

[3] 东巴古籍文献：保护在行动，http://www.mzb.com.cn/zgmzb/html/2005-06/24/content_28901.htm，2013。

[4] 拓展台湾数位典藏，http://content.teldap.tw/index/?p=71&print=1#01，2013。

[5] 史学研究资料的重地——介绍台湾中研院史语所傅斯年图书馆，http://w3.pku.edu.cn/academic/zggds/008/003/003.htm，2013。

[6] Selections from the Naxi Manuscript Collection. http://international.loc.gov/intldl/naxihtml/naxihome.html, 2013.

[7] Selections from the Naxi Manuscript Collection: Quentin Roosevelt II, http://memory.loc.gov/intldl/naxihtml/roosevelt.html, 2013.

[8] Information of the "Beijing Association of Dongba Culture and Arts (ADCA)" on Dongba Culture. http://www.dongba-culture.com/adca/ADCA-English.htm, 2013.

[9] Preservation Directorate. http://www.loc.gov/preservation/, 2013.

[10] Asian Reading Room: Selections from the Naxi Manuscript Collection. http://www.loc.gov/rr/asian/naxiAnnouncement.html, 2013.

[11] Selections from the Naxi Manuscript Collection: Selected Bibliography. http://international.loc.gov/intldl/naxihtml/bib.html, 2013.

[12] Living Pictographs: Asian Scholar Unlocks Secrets of the Naxi Manuscripts. http://www.loc.gov/loc/lcib/9906/naxi1.html, 2013.

[13] Rare Pictographic Chinese Writings Available in Online Presentation. http://www.loc.gov/today/pr/2004/04-119.html, 2013.

［14］Selections from the Naxi Manuscript Collection：About the Collection. http：//memory. loc. gov/intldl/naxihtml/about. html，2013.

［15］Selections from the Naxi Manuscript Collection：Joseph Rock. http：//memory. loc. gov/intldl/naxihtml/rock. html，2013.

［16］Harvard Yenching library：Chinese collection. https：//hcl. harvard. edu：8001/libraries/harvard-yenching/collections/chinese. cfm，2013.

［17］傅斯年图书馆，http：//lib. ihp. sinica. edu. tw/。

［18］丽江文化和旅游局政务网，http：//whlyj. lijiang. gov. cn/。

［19］中国古籍保护网，http：//www. nlc. cn/pcab/。

［20］档案知网，http：//www. dazw. cn/。

［21］中国西南少数民族资料库，http：//ndweb. iis. sinica. edu. tw/race_public/index. htm 。

［22］丽江古城管委会，http：//www. ljgc. gov. cn/。

［23］中国国家博物馆，http：//www. chnmuseum. cn/。

［24］中国国家图书馆·中国国家数字图书馆，http：//www. nlc. cn/。

［25］中华人民共和国国家档案局，http：//www. saac. gov. cn/。

［26］哈佛大学图书馆，https：//hollisarchives. lib. harvard. edu/。

［27］联合国教科文组织，http：//en. unesco. org/。

［28］国际图联，http：//www. ifla. org/。

［29］国际博物馆协会，http：//icom. museum/。

［30］国际档案理事会，http：//www. ica. org/。

［31］国际文化财产保护与修复研究中心，http：//www. iccrom. org/。

［32］美国国会图书馆，http：//lcweb. loc. gov/。

［33］国家档案局，《国家档案行业标准：纸质档案数字化技术规范（DA/T 31-2005）》，2005。

［34］中国国家古籍保护中心，《古籍普查培训讲义（试用本）》，2007。

附录一：东巴古籍文献遗产保护问题研究调查情况说明

尊敬的专家、领导和各位同人朋友：

您好！

为全面了解贵单位在世界记忆遗产——东巴古籍文献保护建设中取得的成绩，听取和反映各位专家、领导和同人朋友对该遗产进行整合性保护的意见和建议，我们组织了此次调查。

本次调查使用问卷方式，问卷中的答案只是用于完善课题研究，向国家提出对策建议，解决东巴古籍文献遗产的科学保护问题，回答时不必有任何顾虑。请您根据贵单位的实际情况和自己的真实想法回答问题。按照国家的有关法律规定，我们将对您的个人信息和资料保密，请您放心！

衷心感谢您的支持与合作！

** 大学

东巴古籍文献遗产整合性保护研究课题组

20　年　月

联系电话：*******（办公室）

手　　机：**********

附录二：《东巴古籍文献遗产保护情况调查大纲》

第一部分：针对官方收藏机构的调研问题

☞东巴经相关业务开展

1. 贵单位每年是否订立新的工作目标计划？
2. 是否有什么考核标尺来衡量每年的目标计划实施情况？
3. 贵单位对收藏的东巴经如何管理？管理具体体现在哪些方面？
4. 贵单位对收藏的东巴经工作开展主要围绕哪些方面进行？
5. 东巴经保护是否被列入贵单位的工作目标计划中？
6. 贵单位与其他保存有东巴经的单位之间是否有长期的工作往来与合作项目？
7. 东巴经档案保护工作目标计划内容是否形成了一个体系？

☞应急管理

1. 贵单位是否建立过应急管理机制？没有构建的原因？（若未构建，以下问题只回答第6题）
2. 建构的应急管理机制由哪些内容组成？
3. 贵单位的应急管理机制与其他行业或部门的应急机制是否产生联动效应？
4. 贵单位的应急管理小组成员由哪些人员组成？

5. 贵单位的应急管理有无日常演习？

6. 若目前尚未构建应急管理机制，在接下来的工作中是否有此计划？

☞日常工作管理

1. 贵单位的日常业务工作是否有相应的质量管理？如服务评价体制。

2. 贵单位收藏的档案是否提供利用服务？贵单位是否接待一般社会查档人？

3. 贵单位档案提供利用的形式有哪些？

4. 贵单位的查档率如何？主要查阅的是什么内容的档案？

5. 东巴经档案是否提供利用？提供利用的形式如何？

6. 贵单位对查档数据是否统计和分析？

7. 贵单位有年终工作评估吗？

8. 贵单位目前的开发利用是否考虑过社会需求及用户心理研究？

9. 年终工作评估内容包括哪几个方面？

10. 东巴经等特色档案的保护开展会不会纳入评估体系？

☞工作人员专业背景与培训

1. 贵单位档案工作人员是来自相关专业领域吗？

2. 贵单位目前的工作人员学历结构是怎样的？

3. 贵单位是否制订过有助于业务提升的培训计划？

4. 贵单位对内部员工有地域性和针对性的业务辅导机制吗？

5. 贵单位平时的培训计划基于什么前提而订立？是机构自发组织的还是上级规定的？

6. 贵单位的培训内容集中在哪些方面？

7. 是否有针对员工"自我认识""社会需求认识""用户心理认识"等方面的培训？

8. 贵单位工作人员对于培训的态度是怎样的？

9. 贵单位工作人员对于本职工作的满意度如何？

10. 贵单位工作人员的工作期望是怎样的？

第二部分：针对传承学校及从事保护民间人士的调研问题

☞东巴文化及保护

1. 纳西语和东巴文目前的使用率高吗？
2. 东巴经档案目前的保管情况如何？
3. 东巴经在贵处的保护主要集中在哪些方面？
4. 东巴文化的普及率和使用率高吗？（乡村与城市的区别？）
5. 社会民众对东巴教仍有信仰吗？对于传统宗教，大家的态度如何？
6. 您家中有从事东巴事业的前辈吗？您的东巴技艺是师从何人？
7. 现阶段仍举办的节庆活动中，有哪些是和东巴文化有关的？举办的规模如何？大家的参与度怎样？
8. 东巴文化目前通过哪些途径传播？是否利用新媒体和网络等进行传统文化的传递？

☞本地年轻人对东巴文化的态度

1. 丽江地区纳西族年轻人对本民族历史渊源了解吗？是否还依靠以家庭为单位的方式维系传统文化的延绵？
2. 丽江地区的纳西族年轻人对本民族文化的熟知程度如何？是否有认同感？是否积极参与传承？

☞东巴文化传承人现状

1. 目前东巴文化传承人的年龄结构如何？技艺主要通过哪些方式习得？传承学校的社会影响力如何？在校的学生数量多吗？
2. 传承学校的办学是否有资金和政策的持续性和稳定性支持？传承的制度与方式是否有相应的规范与模式？传承的开展是否有评估？
3. 东巴从业者数量？东巴传承学校数量？东巴仪式现在的种类和传统相比是增加还是减少？东巴仪式现今都集中在哪些场所举办？举办的频率如何？

4. 传承从业者的专业背景

5. 传承从业者的学历结构

6. 传承从业者的工作满意度

7. 传承从业者的期望

附录三：《东巴古籍文献遗产保护机构应急机制调查问卷表》

_____地区_____档案文献应急保护调查问卷

您好！为了解目前云南省民族档案文献面对自然灾害侵袭时的保护现状，我们特制作了这份问卷调查表，希望您能给予支持。

云南省是一个自然灾害高发的省份，几乎"无灾不成年"，自然灾害给人民生产生活带来灾难的同时，也给人类文化遗产带来破坏。档案也属于人类文化遗产的一部分，特别是云南省珍贵的各类少数民族档案文献。因此，我们希望从您工作的机构了解更多关于少数民族档案文献的收藏情况以及当自然灾害来临时，贵机构馆藏档案的应急保护措施。

我们将对从贵机构调研收集的数据信息，进行有效的归纳与分析。并将所得结果与您共享。以下所做的问卷调查将严格保密，敬请放心！对于您给予的支持，我们深表谢意！

1. 贵机构收藏的民族档案文献数量_____（件）。

2. 贵机构通过哪些方式或途径_____收集馆藏民族档案文献？

3. 贵机构收集馆藏民族档案文献的时间是_____。

4. 贵机构收藏的民族档案文献是否经过分类整理编目？（ ）是，（ ）不是。

5. 贵机构收藏的民族档案文献中，纸质载体占所有收藏文献的_____。
（   ）小于50%　　（   ）50%~80%　　（   ）80%~95%

（　　）大于95%

6. 贵机构收藏的民族档案文献中，除了纸质载体之外，还有其他载体吗？（　）有，（　）没有。如果有的话，其余的载体种类分别是_____。

7. 贵机构收藏的民族档案文献是否有专人负责保存？（　）有，（　）没有。

8. 贵机构收藏的民族档案文献是否存在老化现象？（　）是，（　）不是。

9. 贵机构的民族档案文献是否存在以下现象？（　）是，（　）不是。
如：（　）酸化　（　）破碎　（　）变色　（　）霉蚀　（　）虫蛀
（　）粘连　（　）缺损　（　）污染　（　）撕裂　（　）字迹褪色
其他_____。

10. 贵机构的民族档案文献保存库房是
（　）专门的库房　（　）一般的房屋　（　）简陋的屋子

11. 贵机构在保管民族档案文献过程中，是否注意以下选项？（　）是，（　）不是。
如：（　）日常温湿度控制　（　）光照控制　（　）防尘
（　）防有害气体　（　）防虫　（　）防霉　（　）防水
（　）防火　（　）防盗　其他_____。

12. 贵机构收藏民族档案文献的装具有：
（　）密闭金属箱　（　）密闭木箱　（　）普通金属柜
（　）普通木柜　（　）密集架　（　）普通卷盒
（　）裸露存放　其他_____。

13. 对于有破损的民族档案文献，贵机构是否采取修复措施？（　）是，（　）否。

14. 贵机构采取的修复措施有_____。
（　）修裱　（　）去酸　（　）去污　（　）除霉　（　）加膜
（　）封套　（　）丝网加固　（　）高分子溶液加固
（　）化学法恢复字迹　（　）计算机显示字迹
（　）摄影法显示字迹　其他_____。

15. 贵机构是否认为对馆藏民族档案文献采取针对自然灾害应急保护预警机制是必要的？（ ）是，（ ）不是。据您所知，是否有人或机关在实施或推广这个机制？（ ）有，（ ）没有。如果有的话，是什么样的机关？_____。

16. 您个人认为档案应急保护机制有必要建立吗？（ ）有，（ ）没有。

17. 您认为现阶段，档案文献应急保护机制开展最大的困难是（   ）。

18. 您认为日常对于档案文献的保护工作开展得顺利吗？（ ）是，（ ）不是。

19. 贵机构工作人员的平均知识文化水平结构是：
（ ）大学以上 （   ）大学本科及大专 （   ）中学

20. 您对于民族档案文献保护的工作目标是_____。

谢谢！问卷结束，若您需要最终的共享资料，请将您的联系方式填写如下，以便我们通过电子邮件回复您。再次感谢您的参与和支持！

姓名：

单位：

住址：

联系电话：

邮件地址：

附录四：2016年课题组实地调研部分实录

☞**实地调研第一站：丽江市博物馆（东巴文化博物馆）**

访问时间：20﹡﹡年﹡月﹡﹡日　上午

访问对象：综合办公室和老师

访问实录节选：东巴文是最古老的象形文字，可以说是象形文字幼年时期的代表。目前，有两万多册东巴经流失到国外。新中国成立前在丽江地区使用广泛，新中国成立后，由于受外来文化影响，例如纳西族和、木是原始姓氏，有一些纳西族采用了汉族姓。从明代开始受汉文字影响很大，目前四川阿坝、俄亚地区保留更多的文化传统，火葬仪式保存完整，而丽江纳西族过汉族的清明节。例如，四川地区女性火葬用七垛，男性用九垛。再如服饰方面，原来是土麻布，前搭羊皮，从改土归流后融合汉文化有所改变。当然，纳西族不是盲目吸取汉族文化。另外，纳西族也善于吸收藏族文化。例如，丽江有五大寺庙，西藏活佛到文峰寺，把钥匙送到灵洞。所以丽江文化传承也受藏文化影响。民间的纳西族人信仰藏教，但没有藏族人那么笃信。再如，古城民居建筑仿照唐宋时期建筑风格，但纳西族人并不擅长绘画与雕刻，所以纳西土司请来白族工匠做门窗雕刻，因而把白族文化元素吸收进来，建筑也有藏族文化元素，这种兼容并蓄形成了纳西族自己的地方建筑特色。

我们博物院开展过培训班，我本人在传承学校做兼职老师，每个星期在黄山完小都有课。黄山完小的特别之处在于，学生从小学三年级开始将东巴语言文化方面的课程当作必修课来学习。当地居住的汉族、白族、彝族人比较多，汉族孩子反而比纳西族孩子学习得好。在教学中，希望孩子把纳西文字作为一技之长走向社会。前几日，在世界母语日开展专访的节目中谈到纳西语言面临流失。以前东巴传承通过办私塾，博物馆和传承学校会选择民间东巴世家后代的男性通过提供食宿的方式进行教授。一般会挑选具有绘画基础来自俄亚的纳西族男性。

传统纳西文化中男尊女卑的思想非常严重。比如，和学文老师认为：在改革开放之前，她是不可能与我平起平坐的交流的。纳西传统文化中认为，男人上半身是神，下半身是人，而女人上半身是人，下半身是鬼。再比如，纳西人家里一般设有火塘，在火塘旁边设有男座和女座，如果是刚刚加入夫家的女性，在家中宴请亲朋时只能不露脸地服务大家，连室内都不能进入。其实对此我很不解，因为在纳西族里面其实男性是比较闲散的，而女性是需要承担很多事务的（但是女性却地位较低）。比如，洛克当时在丽江拍摄到的其中一张照片是一个纳西男子抱着一个孩子，还有一些照片都是纳西族女性在劳作。再比如，我们还能在丽江古城看到经商的多是精明的女性，她们身上大多佩戴一大串钥匙，就好像大管家一样操持着家中的一切。女性成了农活主力。相反，摩梭人是纳西族的分支，但是其女性地位很高。

东巴文字分为很多类别，比如天文类、建筑类、动物类。我在黄山完小的教学中一般一类类地讲，当讲到建筑类的时候会把相关的建筑文化融合在文字教学中，然后教他们如何应用这些语言，还会给学生们留成句的构图作业。东巴文创字有1000多年历史，其发音因地域有所差异，文字的写法有时也会有所不同。比如，三坝、俄亚与丽江三个地方就不相同，开展民间东巴年会时，虽文字笔画只是稍有出入不会影响沟通，但是发音有巨大差别就几乎沟通不了。但是我们的老一辈东巴这种沟通上的障碍不是很明显。

其实民族的性格与其服饰颜色是有很大关系的，比如摩梭人能歌善舞，白族的服饰多颜色鲜艳，他们的性格很开朗；而纳西族的服饰多为藏青色和黑色，性格较内敛。过去纳西族民风淳朴，旅游开发后外来文化对民风影响较大。

以前，我们博物馆属于丽江文化局管辖，县升为市以后，改名为丽江市博物院，仍是文化局下属事业单位。文物管理所合并进来以后，共有46位工作人员，2015年新进3人，文博专业背景工作人员极少。

我们库房内对东巴经有分类，以后会展出。现在博物馆馆舍是1994年建的，将要搬迁到雪山脚下旅游学院对面位置，不过此二期工程20年前已进行规划，至今仍未建成。目前我们博物院参观人数较多，由于地理位置好，便于外来游客参观，而且本地居民参与度很高。我们展馆临展项目半个月更新一次，居民迫切期望主体内容更新。但是，搬迁以后将会大大影响参观人数。博物馆应该是服务大众的，应该成为城市标志性建筑，建在最热闹处。

东巴经是我们工作目标的一个重要部分，我们做了一些整理研究，但信息开发比较少，以后会重视起来。

过去东巴会贯穿纳西族人的一生，从取名命名仪式、成人仪式、婚姻、生病、丧葬仪式等。20世纪二三十年代，洛克来访时，纳西文化还很盛行，他积累整理了大量珍贵的纳西族材料，由于二战影响，运送他的材料的飞机被击落，他痛心不已，心灰意冷。他重新振作又来到丽江，重新研究和收集整理纳西族的材料，新中国成立后被迫回国，临死前写下他宁愿死在玉龙雪山山脚下的花丛中，而不是死在美国夏威夷的住处。我们有他的《纳西族手稿》，他还留下了大量珍贵的文稿图片和资料，但可惜的是我馆没有收藏，它们现存于美国国会图书馆和哈佛燕京图书馆。

黑龙潭以前是丽江古城的水源，人们有着不成文的民间保护环境意识，比如以前的人们早上会从黑龙潭打水直接喝，中午在黑龙潭洗蔬菜，到了傍晚才敢洗衣服。三潭水饮用、洗菜、洗衣物，就是与此对应的。现在断流了，干涸可见底，有些人捞潭中鱼吃，而我们博物院的工作人员抱有敬畏之心不食鱼。

玉龙雪山是纳西族人心中的神山，是纳西族保护神的化身。以前就算是夏天看到的雪山，也和现在冬季看到的一样，人们每每看到雪山都心旷神怡，心生敬畏。而现在大索道建成以后，大量游客近距离游览雪山对雪山生态造成了严重的破坏，那种过去看到雪山时心中的神圣感也成了记忆。

1996年丽江大地震时，正是丽江古城申请世界文化遗产名录的时候，丽江古城管委会申报处就设立在我院。地震后一名联合国遗产管理专员特来考察，看到丽江古城整体受损并不严重，只有一些墙体损坏，很是欣慰。并且申请也顺利通过。丽江博物院与玉龙纳西族自治县图书馆、丽江市档案馆没什么互动，与古城管委会也没有交流合作。但是与东巴文化研究院还是有一定交流的，包括一些资料的互通。

本来我们博物院院址不小，拥有纳西族祭天祭风场仪式场地，还有民俗房，但市政征用这部分土地扩建了黑龙潭。

祭天仪式由多个东巴完成，只有相对更加资深可以充当主祭的才能成为大东巴。其头饰与一般的五福冠有所不同。玉水寨从各地挑选孩子进行培养，从最基础的语言文字开始教学，学完后进行评级。三朵庙有元代的牌匾，有个在那里的东巴获得了"东巴大师"的头衔。现在申请（成为东巴）很具体，擅长祭天就申请祭天的，擅长祭风就申请祭风的。以前东巴都是全能的，现在不如过去了。过去的祭祀仪式繁多，贯穿了纳西族人生活始终，如祝寿祈福、迁居请家神仪式等。

我们在提供利用方面，主要有展览保护、宣传展示、保护研究，我们还与玉水寨有互动与合作，代表政府官方事业单位与民间机构的一种交流。我们也开展员工培训。我们虽然是一个市级博物院，但由于空间有限，没有陈列丽江市里除了东巴文化以外的文化遗产，如摩梭、彝族等。

☞实地调研第二站：东巴文化研究院

访问时间：20**年*月**日　下午

访问对象：李德静院长

访问实录节选：

问题一：珍藏楼

未来的1到2年要建设记忆遗产展览，所谓常设展馆。由于缺少市财政拨款资金几百万，还无法展出。目前，珍藏库中，按国家标准配置了恒温恒湿器，铁皮柜中内层是香樟木，把包有丝绒的东巴经存入其中，东巴画画于麻布上，卷起来易损坏，糯糊涂抹于画上，易结块剥落。所以，画卷的保管方式为一张画一个抽屉，集中于一个保管柜中。配备防火防盗监控设施。

问题二：语音室

为了保留东巴经的读音和唱腔以及摩梭口诵经，从语言学角度，自2016年4月开始录制。目前，丽江地区的摩梭达巴、东巴有400多位，分布情况不一，有的是一个村一个东巴都没有，有的大村落有八九百人，可能有东巴四五十人。年轻的东巴从七八岁学习，二十几岁学得好的成为东巴，新组东巴学校已经办过六七期培训班。玉水寨培养七八个学生。我的观点是不赞同玉水寨的东巴学校培养方式，因为考虑到一方面违背国民教育，九年义务教育法，希望初中毕业后的孩子再学习，另一方面，初中毕业的孩子接受能力、理解能力也比七八岁的孩子好。玉水寨全日制教学模式，局限在几个老师和几个学生，学生要全面发展很不容易。虽然会颁发学业证书，但还是希望学习国民教育和学习东巴传统知识两条腿走路。

问题三：对外科研交流

我院与北京大学、清华大学、西南大学、中央民族大学、中国社会科学院、北京科技信息大学，以项目为依托进行交流合作。我院虽然有自主要求立项研究，但是由于不是省级单位，无法申请。我们的语音室与北京大学合作。我院对东巴进行文化扶贫，每年给予每个东巴500~1000元的东巴纸。例如，2016年大年初四至初八到村寨走访。我们会从外面拉赞助，给当地小学生发放文具等，对东巴文化的保护就是让东巴活在民间。再如，民间研究者钟老师希望挖掘东巴武术资源，东巴象形拳，建设文创项目，推进东巴文化的普及与利用。

☞实地调研第三站：玉龙纳西族自治县图书馆

访问时间：20**年*月**日　上午

访问对象：办公室工作人员和秋丽

访问实录节选：

《国家文献古籍名录》，去年没报，没有人通知我们，今年还没开始申报。一般申请下来，一册书就补助200元。我们没有专门给古籍的办公经费。现在图书馆免费开放服务工程有 20 万经费，10 万用于信息工程经费，5 万用于电子阅览室的建设、修理和更换，5 万用于外聘技术人员的工资。2009 年到现在没有新进员工。采编室每年购书 2000~3000 册，挑书、编目。4000 多册东巴经，只能保管，不能研究，因为馆员只会听说不会读写。

  防火防盗监控设施尚未启用。用的是通用尺寸的铁皮柜，画大小不一，卷起来保存的，少动就是最好的保护，希望以后能换成樟木柜。没有恒温恒湿器，即便有其电费对我们来说也负担颇重。我们的房子是以普通民房为标准设计的，夏天热、冬天冷，极不利于东巴古籍的保存。

  这里办卡借阅，宣传、过期期刊送人，但依然无法吸引更多的用户。因为这里比较偏僻，人流量小。但是，在黑龙潭用户量更少，一个月 10 个人都没有，因为在黑龙潭需要门票。我们这里有 4000 多册东巴经，在全世界东巴经单体收藏量最大，但只有东巴文化研究院来找我们借材料，我们之间业务没有交叉。借阅时间比较长，没有履行相关登记手续。

  十年前，有人来我们图书馆卖指读软件，软件只能单个识别东巴文字，由于东巴文的复杂性，这一功能无法满足对东巴经进行深入识读与研究的需求。而且卖价颇高，我们那时一年只有 5000 元经费用于支付水电费，根本买不起。

  我们与非遗中心没有什么交流合作，但我们会为共享工程做图书馆方面的培训。我们会组织员工去参加培训班，培训地点每年都不一样，曲靖、香格里拉等。而且每一次的主题也都不一样，比如在昆明的培训侧重于藏文古籍，楚雄侧重于彝文古籍的破损修复技术等。我参加过的一次全国规模的最长时间是 48 天，省级差不多 10 天。这些培训主要侧重于操作，一般也要有延续性，比如今年派出 1 人去初级班培训，那么明年开了这个主题的中级班就还要让这个人去。这些培训都不交钱，车旅费有补助。每年都有，去年弥勒，前年腾冲，大前年香格里拉，是有关古籍修复的培训。另外就是公共图书馆的业务培训，近几年主要是围绕共享工程展开。我们每年都要完成规定的培训人数指标。

  我们也给别人培训，要负责给 16 个乡镇 105 个村委会的培训，请老师过来给大家上课。

我们的电子书居于全省前列，放在网上供大家阅览，没有地域限制的前提下只需要在我馆注册，获得密码卡就能免费阅读。

东巴文化馆、非遗中心和我们业务划分得比较清楚，各司其职。但尴尬的是，我们的古籍只能保管，维持其原貌就是最好的。虽然我学了修复，但是我们的技术条件都不成熟完善，我害怕会造成破坏性修复。

每个办公室都有标准制度，从建馆时就有了，后期就在此基础上不断修订，不合理的删减，不完善的就添加。

应急机制管理中我们这些机构没有形成联动，但是消防是联动的。我们级别不够，不可能要求上级机构与我们联动。一般都是条件好的或者级别高的单位来牵头，但我们无法主动向他们提出要求。我们只能在业务指导方面提出请求，或者他们来给我们做业务指导时可以提一下。

我们与档案馆没有业务往来，县档案馆会在统计数据的时候打电话问我们一些信息。文化厅对我们下达展览、讲座、培训等的任务指标，比如去年做的53期"东巴大讲堂"是由宣传部牵头，打造玉龙县文化品牌。他们会对我们进行考核看是否达标，我们也需要上交一些相关材料。

对于库房扩建，我们仍在积极争取。由于东巴经是我馆的特色馆藏，所以为此扩建库房是有一定必要性的，上面的领导来视察总是说要扩建，但是回去以后也没有下达具体文件。而且图书馆的本职工作是提供借阅，并不是东巴经的管理和研究，我们也心有余而力不足，但我们也竭尽全力在有限的库房条件下尽力去保护东巴经。保护东巴经的工作应该是博物馆的职责，我们主要是开展文化活动。在申请全国古籍名录中，我们是全国唯一一家县级图书馆。北京每年会邀请我们去展出2本东巴经，我们馆95%的员工都去过北京。

玉龙县来访者大多来自图书馆界，相关研究机构还是会选择去研究所访问调研。我们希望能改善古籍的保存条件，配备专业研究人员进行编目，我们希望能真正发挥这些古籍的作用。希望能够将东巴经电子化，构建数据库，让全世界都看到我们的东巴经，我们也尝试和一个文化产业公司合作，但是涉及政策、版权等方面问题就没有开展。比如，这项工作是否真的可以展开？我们又应该听从哪个上级的指示？将来是否会说我们这涉及国家机密，是违法的？诸如此类的问题都让我们陷入尴尬的境地。

典藏室内的东巴古籍文献都是从民间收集来的，在破四旧后，要与个人建立感情，通过半买、半送、半要形式收购来的。目前，没有编目和著录。时间多为清代，东巴画多以纸和布为载体，木载体只有一件。目录由请来的专家和东巴命名。从2009年开始申请第二批文化遗产名录，每年申请一批。

☞ 实地调研第四站：丽江市档案馆

访问时间：20**年*月**日　下午

访问对象：杨湖江局长兼书记

访问实录节选：

本馆保存东巴古籍六七十件，有申遗的相关书籍，有100卷东巴古籍文献译著，研究主要由东巴文化研究院牵头。以前服务政治属性，现在主要业务是公共档案服务，要以人为本，贴近民生，而且要从顶层开始设计。目前档案管理弊端是档案馆守在机关团体后面去收集，导致档案的不完整性和滞后性。另外，人们的档案观念淡薄。档案馆建设应围绕民生，增加社会的认同感，要使档案变得活生生，要有前瞻性。为了建设好新的档案馆，设想投资1亿建房，5000万建数字档案馆，聘请20人，其中5个教授，进行简单业务培训，就可以上岗。

对于东巴研究的体会：第一点是和万宝是西南联大知识分子，在粉碎"四人帮"之后成立了中国社会科学院东巴文化研究院，是不可缺少的人物，其贡献巨大。第二点是云南大学分来的大学生真正奋斗了一代，所以申遗成功是水到渠成的。

我市一区四县，5个县级档案馆，包括市档案馆在内共6个综合档案馆。我们努力在"十三五"规划中建成全新的档案馆，我们的这些老馆都是20世纪80年代建成的。我们投资680万元建成占地2400平方米的档案馆，建筑面积共6000平方米。目前，最大的制约发展问题就是库房问题和数字化问题。资金下批困难。

目前，我们这个建筑的第一、三层楼都有档案库房，近几年都没有接收档案。其中东巴档案是特色档案，是20世纪80年代第一任老馆长买入的。这些档案是不能外借的，连查阅都不可以。在档案馆系统里面，全国只有丽江档案馆有东巴档案。我馆与其他相关部门无交流，希望档案馆、玉龙县、民间个人、研究院联合申报国家项目。档案馆建设要立足规划，首先要与国家政策一致。我们有业务指导科、管理科，每年都开展对外培训学习。我们近5~10年需要技能型人才，目前技能型人才比理论型人才更有用。迫切希望馆员能参与新闻类、摄影、摄像的培训，提高技能。我馆人员编制为12人，已经饱和，但没有一人是档案专业出身，多是历史、中文系毕业。目前，在岗副研究馆员4人，具有中级职称以上的4人。

我馆的查档情况是，市民可登记身份证直接申请查档，来我馆查阅档案的主要有两类人群，一类是为了自身利益的，比如说下岗职工，需要办社保的人群。会计档案本应在15年后销毁，但没有销毁的档案恰恰记录了工人需要的工龄与职位。我馆从我2003年上任以来，尽量简化查档案人利用过程，取消收取档案复印费，整改我馆办事烦琐的现象。每年能满足八九百人的需求。第二类是编制志书和课题研究人员。

最迟今年年底我们可以搬到新馆。我馆有应急保护制度和应急细则。在防火防盗方面，在新馆建成后，要与公安局、派出所进行联动，出现问题第一时间报警。

☞实地调研第五站：民间人士

访问时间：20**年*月**日　上午

访问对象：和力民老师

访问实录节选：

我在传承文化学校一个星期有两节课，课程为兴趣课。目前，已经开展六七批培训班。从小学请来的传承老师具有流动性，兼通母语和东巴文的导师不好找，所以现在更注重对本校老师的培训，因为他们相对固定。目前，丽江古城里没有纳西族人，很希望东巴造纸等文化能在古城中传承，哪怕是商业形式的合作。古城社区有资金但并没有建设传承点，对传承点的建立而言房屋是主要问题。我很希望能把传承学校搬到古城里，但是存在一些改变不了的矛盾。古城区的房子是属于社区的，我想找社区租房屋，但是社区不差钱，想要无偿给我用，同时要求我也无偿做传承工作；这是不科学的，无偿的事情是没有可持续性的，做几次就会没有下文，这是不符合市场经济规律的。从古至今，只有随着时代发展，建立在商业层面上的文化传承才能长久，才符合市场经济和社会运行机制。另外，本来想在古城里面选教室，用于跳东巴舞、造纸等，但是由于古城房屋在社区内，社区的居民经常会到传承点聊天。所以，我就在老家三元村乡村来开展东巴文的传承。在最靠近山的地方，那里有我自己的房子，来学习的孩子不交费用，由政府拨款。

非遗的东西是需要按照项目来做的，才能获得经费支持。非物质文化遗产不是技能的问题，更不应该以夺名次比赛方式加以保护。

传承人名录项目方面，行政干预阻力太大，让传承人认同感很差。比如，区级非物质文化遗产传承人，每年1200元，每个非遗传承人每月只有100元经费。但每年需要对传承人进行考评，每年都做过什么传承贡献。一级一级上报传承人的体制，不利于乡村东巴申请为非遗的传承人。

近期要由北京民族出版社出版《纳西东巴文献学》，这本书的理论构架要借助档案文献理论。这本书花了很多精力，从调查报告中来，就是在田野报告上下功夫。汉文献和东巴文献收集过程不一，是一个流动过程。

未来，我想做两方面的研究。一方面是纳西族神话研究，可以从文化的根部入手，另一方面就是纳西族哲学。对于传承人的培养，需要看学生的天分和兴趣。只要有天分，早一点晚一点都可以，只要有潜力就好。家传时代早就过去了。

现在手头工作是由市里牵头，把出版的东巴古籍100卷进行重新校订，建立新的索引。还要把丽江的东巴古籍全覆盖式进行编目。有2个学生帮助我做这方面的工作，经过半年时间已经完成了出版过的100卷的重新书写和校订工作。我需要对学生抄写的东巴经进行检查和改正，加大了原有的工作量。但是这是对传承人的一种培养，通过这些工作之后，他们的能力有很大的提高。重新抄写的东巴经将来要送到国家博物馆进行收藏，所以采用莞花纸，有统一的剪裁格式，装入香柏树制成的木板中。工作开展的半年，宣传部领导希望我们在一年内完成。经费 70 万~80 万元，每张全张纸成本为 20 元，可以裁成 3 张纸。预计经费不够。新东巴经规格制定中，我们的专业名词要进行规范化处理，进行编写说明和选字表，采用国际音标。我们的提要是由东巴书法家写成的。

我认为纳西民族最需要的是民族认同感。纳西族在等待一个时机，到那个时候才能激发出纳西人的潜力。在做某个民族的研究时，一定要思考这个民族的特点是什么，它最需要的是什么，未来发展趋势是什么。

☞实地调研第六站：云南省图书馆古籍文献中心

访问时间：20**年*月*日　下午

访问对象：办公室工作人员

访问实录节选：

对于东巴古籍馆内没有进行数字化处理，我们和省博物馆没有业务交叉。只是打算联合玉龙纳西族自治县图书馆的古籍一起开展工作，可以资源共享。目前我馆工作重点在古籍善本的数字化上，由外包公司来做，工作开展已经一年多，目前数字化扫描版还没有放在图书馆的平台上，以后会发布在网上。

我中心工作人员的专业背景多是历史、中文、图书馆学、计算机专业。学历都在本科及以上，也有博士。我们有专门的修复培训，开展针对公共图书馆人员多一些。目前多是中级班，初级班很少，2008 年开始从事少数民族古籍修复培训工作，每年多则 4~5 次，少则 1~2 次。一般不集中在省馆内，多是到地州进行指导培训。初级班少，是因为我们培训工作开展了好多年，很多人已经有基础，而且参加培训的人员相对稳定。培训的专家有省馆内部的，也有国家中心派来的人。

中心内针对古籍应急保护的规章制度是有的，只是没有挂出来。我们这里有东巴古籍 700 册，以前请过老东巴进行初步整理，只有内容的概要，没有编目，我们的数字化还没有轮到东巴古籍。因为我馆地方性汉文古籍占大部分，还有一部分贝叶经和毕摩经卷，我们只能针对少数民族古籍实体保护。我们与外包公司有合作，他们全天用高速扫描仪在做我们的古籍扫描，每天能扫描几本古籍。

我们古籍特藏库房在8楼，300多平方米，防尘、防火、防盗设施达到了国家标准。上级部门对数字化没有要求，但是数字化保存与整理是大趋势，是为了更好地保护原件和提供利用。库房只有古籍部人员可以进入。

☞实地调研第七站：云南省民委古籍办公室

访问时间：20**年*月*日　下午

访问对象：办公室龙江莉教授

访问实录节选：

我处库存东巴经180卷，是近10年内在丽江征集来的，征集途径都是有线索才去的，通过与丽江东巴文化研究院的工作联系，我们委托他们代为收集。我们古籍办特藏室中有云南各民族文字的古籍3000多册，馆藏品按民族分类，按收进来的时间顺序排列，没有载体区分。特藏库在本单位六楼（顶层是七层），70~80平方米，是从六楼大会议室分割出来的一部分，能保证防火防盗，但没有恒温恒湿设备，为防光，大窗户用木板隔开。一年前单位没有搬迁时，只有20~30平方米的库房，古籍只能堆在那里。民族文化宫建成后，我们搬到那里条件会更好。目前，古籍保存在普通木板柜中，主要是彝文、傣文、瑶文。特藏库有两人负责，除了这两个人，其他人不得入内，平时利用也很少，主要用途是接待领导参观。

特藏库的信息开发数字化已经达到三分之二，我们有"云南民族古籍网"，但这部分的数字化内容未能实现线上阅读。五年前我们与中山大学合作，他们出资金、设备，我们出一部分人，进行了两个阶段的数字化，第一阶段是彝文，第二阶段是瑶文，目前这两种文字的数字化基本完成，只有近两三年收进来的还没有数字化，傣文还没有开始。我们做的数字化工作并不是领导机关的规定，只是顺势而为。我们也想自己继续做下去，但是缺乏经费和释读人才。即使有经费也不容易找到愿意释读古籍的人，这是份耗时的工作，很少有人愿意做。我们藏有的瑶族文献可以说是全国最多的。我们已经出版《云南少数民族古籍珍本集成》30卷，预计完成100卷。我们与高校没有项目合作，高校多是来了解一般情况的。与其他单位的协作多是下面的业务部门,近几年有关东巴古籍没有合作。

我参加了全国在中山大学举办的第三期人员培训,特藏库古籍有些脆化,曾请过省图书馆的专家来修复,但仅是修复了几册。至于省图书馆开展的培训,我们都是轮流被派去学习的,他们办的培训多是针对有一定基础的人员。虽然学习过,但单位人员少,没有开展修复工作。一般人员不轮岗,只有领导会轮岗调动。我们人员配置12人中,只有主任是彝族人懂彝文。目前东巴传承人不是所有的古籍都能看懂,一般是只能看懂自己手中的几卷。12人中专业方向多是民族文化和历史文化方面,搞古籍专业的不多。我毕业于中央民族大学,我们是第一届从事古籍研究的学生,我们班还在做古籍研究的只有2人。2011年最后一批人员聘用了4个研究生。人员编制饱和,以后进人也是以研究生为起点。平时行政工作和研究工作是常态,多是行政、联络、协调工作,对于古籍的保护与开发,我们处于初级阶段,管理滞后。我们有2人作为高校的外聘专家,一人被聘为云南民族大学专家,一人被聘为云南大学专家。12人中正高职称3人,副高1人,6个中职,其他就是行政工勤人员。

☞实地调研第八站:云南省博物馆保护部

访问时间:20**年*月*日　下午

访问对象:办公室工作人员

访问实录节选:

目前处于新旧馆交替和文物普查期间,东巴古籍的保管放在木头柜子中,我们用香樟来保护,因为木柜会呼吸,我们不愿意用金属柜保存这类古籍。东巴古籍和其他古籍都放在一个小库房中。新馆有恒温恒湿设备,有利于纺织品和纸质品的保管。我们之所以还没有搬到新馆,一方面是因为22万件藏品太多,我们请了专门文物搬运公司——宝昌文物包装搬运公司,要花几百万资金。另外,目前新馆条件还不适合,要运转1年以上,稳定后再搬。1987年搬到这里后,还没有发生过重大问题,我们有库房的例行检查,每周会记录温湿度情况,好在昆明的气候适宜保存古籍,在春秋季干的时候,我们会放几桶水在库房里,也会放瓶装水,如果雨季过于潮湿就打开柜门。

近几年新进馆古籍很少。对于东巴古籍只有编目和照相，都由本馆内人员自己完成。拍照一般拍 5~6 页，古画的话要拍摄 200 页。因为现在普查，有七八个人在照相，贝叶经一页一页照，一本书拍几页（封面、封底和其中内容几页）。没有对古籍内容的释读，前一段时间我们的一部藏文经卷请了寺庙的佛爷释读。以前对于古籍的翻译人员都没有记录，现在来翻译的都会有释读者名字记录。馆内应付出展忙不过来，只有民族博物馆办过古籍展。我们没有技能培训，都是自学成才，人员稳定，因为库存交接就要好几年时间。对于古籍修复，我们有专门的技术部，会有培训，也只针对博物馆系统来学习的人员。因为高校中老师学生不稳定，不能长期在这里，所以不面向社会人员。官渡区博物馆和西双版纳州博物馆人员来学习一般要学习 1~2 年，才能学出来，也就学习修复几件东西。我们馆藏太多也修复不完，有的级别高的会拿到上海博物馆或四川博物馆去修复。没有社会上的人来请我们修复文物，我们的成本高，社会人都去一般的装裱店里，用机器装裱；我们是手工装裱。例如：汉荣轩捐赠的古画，因为不懂，用过氧化氢清洗过，破坏了文物。

我们没有应急机制小组，但每个库房外面都有灭火器。我们整栋楼都是库房，36 间，每间 35 平方米，分层分类，根据不同的材质划分库房。里面放有天然香樟，不打开袋子，因为开袋子放在里面，会结晶。以前不懂时放有含萘的樟脑，导致丝织品加速脆化。技术部有消杀机器，把古籍放入一星期可杀灭虫卵。明年，新馆湿度调整好，我们就搬过去。

现在我们文物保护部门工作人员积极性高，很有责任心，因为从另一个角度看，我们长时间和文物接触对它们有一种感情在，觉得是自己的东西，新入馆的年轻人，对文物缺少敬畏感。实际上每个博物馆都应该重视文物保护工作，但有时因为条件和资金所限，上报一点批准一点资金。我们的馆藏科研工作，每年都申报项目，都是研究人员自愿的，不管能不能申请下来，哪怕身边的孩子还小，也是边带孩子边写作。

库房中每一卷东巴经都用牛皮纸袋装着，上面有编号。东巴的大幅图画用绵纸包裹。我们自己归类，在电脑上有编号。新馆的库房面积是这里的5~6倍，搬过去时，连现在的木柜子也一起保留，因为柜子是20世纪50年代的东西，本身也是文物，以后可以办博物馆史展用。

☞实地调研第九站：云南民族大学图书馆文献信息部

访问时间：20**年*月**日　上午

访问对象：何老师

访问实录节选：

我们馆的报警控制器分布在1~6层，采用天雨智能灭火器，防火监控人员每班2人三班倒，保证24小时监控。我们有严格的规章制度和流程图。学校负责消防的人员定期检查运转情况。例如管道输水正常与否。

文献信息部共4人，一人在休产假。顾老师任部主任，是历史学博士后，何老师是少数民族方向的在读博士，另外两人为图书情报硕士和汉语言文学硕士。我们的人员是缺乏的，近三年图书馆都没有进人的编制，所以，古籍这方面工作都没有开展，对于古籍只有一个馆内数字化的项目把目录数字化了。

我们的古籍不对学生开放，老师查询借阅需要预约，每年借阅也就两三次。我们莲花校区还有一部分，每个校区古籍大约有一万册。在古籍室中有专门的防火防盗系统，但没有恒温恒湿系统。因为昆明的天气比较干，不太需要。我们的古籍放在樟木柜子中，这批柜子是新图书馆建成后购入的，大约100平方米的库房，排满柜子，但有些柜中是空的，并没有都放满古籍。我们的古籍中地方志最多。我们4个人都有古籍室钥匙，但只有主任和张帆两人有门禁卡。

我们没有针对古籍的培训，但是图书馆其他部门每间隔一周就会有培训。我们的科研与考核不挂钩，年纪大的馆员很少有报课题的，年轻人倒是有一些。我们每个学期都会有人员的局部流动调整，我也是近两年调到这个部门的，以前是在办公室。我们馆没有开展馆际互借，跟其他学校相比还是落后些。

图书在版编目(CIP)数据

东巴古籍文献遗产整合性保护研究/胡莹著.--北京：社会科学文献出版社，2022.4
 ISBN 978-7-5201-9906-3

Ⅰ.①东… Ⅱ.①胡… Ⅲ.①东巴文-古籍-文化遗产-保护-研究 Ⅳ.①H257

中国版本图书馆 CIP 数据核字（2022）第 047158 号

东巴古籍文献遗产整合性保护研究

著　　者 / 胡　莹

出 版 人 / 王利民
责任编辑 / 李建廷
责任印制 / 王京美

出　　版 / 社会科学文献出版社
　　　　　　地址：北京市北三环中路甲 29 号院华龙大厦　邮编：100029
　　　　　　网址：www.ssap.com.cn

发　　行 / 社会科学文献出版社（010）59367028
印　　装 / 三河市尚艺印装有限公司

规　　格 / 开　本：787mm×1092mm　1/16
　　　　　　印　张：11.75　字　数：180 千字

版　　次 / 2022 年 4 月第 1 版　2022 年 4 月第 1 次印刷

书　　号 / ISBN 978-7-5201-9906-3
定　　价 / 128.00 元

读者服务电话：4008918866

版权所有 翻印必究